어린이를 위한
역사의 쓸모 ❷

고려 시대 – 조선 전기

초등 별님들의 역사 놀이터
최태성 초등TV

글 큰★별쌤 최태성

랜선 제자만 700만 명, 역사 커뮤니케이터!
고교 시절 성적이 잘 나와서 역사를 잘하는 것으로 착각하고 사학과에 진학했다. 그러나 대학교 1학년 때 우연히 5·18 민주화 운동 영상을 보고 그동안 알고 있던 역사적 사실에 회의를 느끼게 되면서 다시 새로운 시선으로 역사를 공부하게 되었고, 그 후 지난 30년간 고등학교 역사 교사, 한국사 교과서 집필, TV 역사 프로그램 진행, 역사 강연 등의 활동을 하며 '역사란 무엇인가'라는 질문에 대한 답을 찾는 여정을 이어 왔다. 지금은 '역사란 사람을 만나는 인문학'임을 믿으며 과거의 시간과 사람에 대한 애정을 가슴에 담고 살아가고 있다.

- 전 대광고등학교 교사, EBS 한국사 대표 강사
- 유튜브 채널 '최태성 1TV', '최태성 2TV', '최태성 초등TV' 무료 강의 진행
- 사랑의열매 고액 기부자 모임 '아너 소사이어티' 회원 및 홍보대사
- KBS〈역사저널 그날〉, tvN STORY〈벌거벗은 한국사〉등 출연

그림 신진호

대학과 대학원에서 조형 예술을 공부하고 일러스트레이터로 활동하고 있다. 네이버 그라폴리오에〈심플라이프〉라는 제목으로 일상의 소중함과 인생의 아름다움을 담은 작품을 연재하고 있다. 그림을 그린 책으로《매화꽃 편지》,《선감학원의 비밀》,《우리는 벚꽃이야》,《여름맛》,《다와의 편지》,《창덕궁 꾀꼬리》,《퓨마의 오랜 밤》,《그냥 베티》등이 있다.

G grafolio.ogq.me/profile/신진호/projects   instagram.com/sunnyshino

어린이를 위한
역사의 쓸모 ❷

고려 시대 – 조선 전기

글 최태성 | 그림 신진호

들어가는 글

많이 배우지 맙시다!

우리는 아침에 눈을 뜨자마자 잠들 때까지 학교와 학원에서 시간을 보내요.

그렇지만 너무 열심히 배우다 보면 그만큼 지혜로운 삶에서는 멀어질 수도 있습니다.

잠깐만
배움을 멈추고
책을 덮고
가만히 생각해 봐요.

나는 누구인지
나는 어떻게 살 것인지
자주, 많이 생각해 봅시다.

이 책에서는 많은 역사적 사실을 나열하기보다 역사를 읽으며 어떻게 생각해야 할지 방향성을 알려주는 데 초점을 맞췄습니다. 그래서 이 책은 다른 책에 비해 불친절해 보일지도 몰라요. 유물을 보여 주는 사진도 별로 없고 만화로 쉽게 역사적 사실을 보여 주는 것도 아니거든요. 그저 추상적인 삽화 몇 컷이 들어가 있을 뿐이지요.

일부러 그렇게 구성했습니다.
왜냐고요?
책을 읽으며 상상하기 위해서요.

여러분이 역사 속에서 마음껏 상상할 수 있도록 말이에요. 선생님은 여러분의 그런 상상들이 모두 존중받아야 한다고 생각해요.

 이 세상에 사는 사람들은 모두 각자의 색깔을 가지고 살아가요. 하나도 같지 않습니다. 각자 다른 색깔의 사람들이 모여 하나의 지구를 형성하지요. 서로 다른 사람이 모여 만들어진 지구. 그 모든 시간을 담고 있는 것이 바로 역사입니다. 역사는 결국 지나간 사람의 삶을 통해 나의 삶을 채워 나갈 수 있도록 도와주는 학문이에요.

 많이 배웁시다.
 무엇에 대해서?
 나에 대해서요.

 우리는 정말 긴 시간을 살아가요.
 그런데 정작 '나' 자신을 모르고 살아간다면 얼마나 허무하겠어요.

세상에 오직 하나뿐인 '나'.

이 책에 등장하는 많은 과거 사람들과 대화하며 나 자신을 찾아갈 수 있어요.

그래서 역사는 정말 쓸모 있습니다.

아무쪼록 이 책이 여러분의 건강한 성장에, 여러분을 찾아 떠나는 여행에 좋은 친구가 되길 바랍니다.

2022년 분당 연구소에서

차례

들어가는 글 · 4

1장 왕건은 힘이 세서 후삼국을 통일했나요? 11
강한 사람의 비밀

2장 왕은 무엇이든 마음대로
할 수 있는 사람 아닌가요? 28
참고 기다리는 마음

3장 문벌은 무슨 잘못을 했을 때 내리는 벌인가요? 44
나를 돌아보자

4장 고려는 만만한 나라였나요? 59
하나를 주고 둘을 얻는 방법

5장 고려 충렬왕의 성은 '충' 씨인가요? 77
실패를 두려워하지 말자

6장 서희는 얼마나 예쁜가요? 91
여성에 대한 편견

- **7장** 역사는 왜 이렇게 암기할 것이 많은가요? 106
  역사를 공부하는 방법

- **8장** 조선을 세운 사람은 누구인가요? 121
  가슴 뛰는 일을 하자

- **9장** 세종 대왕은 왜 한글을 만들었나요? 138
  세상을 바꾸는 생각

- **10장** 역사 속 위인들은 어떻게 그렇게 많은 일을 해낼 수 있었나요? 153
  말보다 행동으로 보여 주자

- **11장** 사화가 도대체 뭔가요? 165
  올바름이 지닌 힘

- **12장** 이순신은 전쟁에서 승리해서 위대한 사람인가요? 182
  포기하지 않는 용기

사진으로 만나는 문화유산 · 198
《어린이를 위한 역사의 쓸모》를 추천해 주신 선생님들 · 208

왕건은 힘이 세서 후삼국을 통일했나요?

강한 사람의 비밀

   어느 날 해와 바람이 서로 자신의 힘이 더 세다며 다투고 있었습니다. 그러다 지나가는 나그네를 발견하죠. 해와 바람은 지나가는 나그네의 옷을 누가 먼저 벗기는지 내기를 합니다. 자신만만하던 바람은 나그네에게 입김을 세차게 몰아쳐요. 바람은 입김을 강하게 불면 나그네가 입고 있는 옷이 날아갈 거라고 생각했어요.

   그렇지만 매서운 바람이 불어오자 나그네는 오히려

옷깃을 단단히 여몄어요. 당황한 바람은 더욱 강하게 입김을 불어 댔지만 그럴수록 옷깃을 붙잡은 나그네의 힘도 강해졌지요. 결국 바람은 나그네의 옷을 벗길 수 없었어요.

이번에는 해의 차례가 되었어요. 해는 바람과는 반대로 부드러운 햇볕을 내리쬐었습니다. 그러자 나그네는 겉옷을 벗어 들었어요. 해는 계속 따뜻한 햇볕을 내뿜었어요. 결국 더 이상 더위를 견디지 못한 나그네는 냇가로 가서 남은 옷까지 모두 벗어 던지고 물속으로 들어갔다고 합니다.

이 이야기는 여러분도 잘 아는 《이솝 우화》의 〈해와 바람〉입니다. 나그네의 옷을 벗긴 것은 세찬 바람이 아니라 따뜻한 햇볕이었죠. 역사 속에서도 이 이야기와 비슷한 장면을 종종 찾아볼 수 있습니다. 강압적이고 거친 태도가 아닌 따뜻하고 포용적인 태도로 사람들의 마음을 움직이는 모습 말이에요.

신라는 왜 무너졌나요?

 삼국을 통일한 신라는 넓어진 영토와 늘어난 인구에 걸맞은 제도를 마련해 왕권을 강화합니다. 그리고 사회가 안정되자 이를 바탕으로 찬란한 문화를 꽃피우죠.
 하지만 신라의 영광도 영원하지는 않았어요. 시간이 흘러 신라 말이 되면 왕이 될 수 있는 진골 귀족 사이에 왕위를 차지하기 위한 다툼이 일어나요. 왕이 쫓겨나기도 하고 죽임을 당하기도 했죠. 당시 신라는 백오십 년

동안 무려 이십 명의 왕이 바뀔 정도로 혼란스러운 상황이었습니다.

왕이 계속 바뀌니까 귀족들도 다른 마음을 먹기 시작했어요. 누구나 기회만 잡으면 왕이 될 수 있다는 생각을 하게 된 거죠. 그래서 귀족들의 반란도 날이 갈수록 잦아졌어요.

이렇게 왕권이 점점 약해지고 신라 정부가 제대로 된 역할을 하지 못하니 백성들의 고통은 더욱 심해졌어요. 귀족들은 힘으로 백성들의 땅을 빼앗았습니다. 땅을 잃은 백성들은 귀족들의 노비가 되었고요. 나라에 세금을 낼 백성들이 줄어들자 나라의 살림은 점점 어려워집니다. 그러자 신라 정부는 남은 백성들에게 더 많은 세금을 걷었어요.

그러던 중 진성 여왕이 지방으로 관리를 보내 세금을 내라고 재촉하자 쌓여 있던 백성들의 분노가 폭발합니다. "여태 쥐어짤 대로 쥐어짜 놓고 또 세금을 내라고?" 하면서요. 지금의 경상북도 상주에서 일어난 원종과 애

노의 난을 시작으로 전국 이곳저곳에서 농민들이 들고 일어납니다.

나라가 혼란스러운 틈을 타 지방에서는 '호족'이라는 세력이 성장했어요. 호족은 대부분 지방에서 오랫동안 영향력을 미치던 힘 있는 집안 출신이에요. 또는 중앙 정부에서 권력 다툼을 하다가 밀려나 지방으로 내려온 사람들도 있었어요.

호족은 자신들의 근거지에 성을 쌓고 자신들만의 군사를 길러 내며 힘을 키웁니다. 귀족들의 괴롭힘에 질려 버린 백성들은 점점 호족을 따르게 되었죠.

그리고 호족 세력과 손을 잡은 사람들이 있었어요. 바로 '6두품'입니다. 신라에는 골품제라는 엄격한 신분 제도가 있었잖아요. 신라는 삼국을 통일한 뒤에도 골품제를 유지했어요. 그러면서 진골 신분에 속하는 귀족들만 높은 관직을 독차지했지요. 진골 바로 아래 신분이었던 6두품은 아무리 능력이 뛰어나도 제대로 인정받지 못했어요.

그래서 자신의 능력을 인정받기 위해 멀리 중국 당으로 떠나는 6두품도 있었어요. 당에서 외국인을 대상으로 하는 과거 시험인 빈공과에 합격해 그곳의 관리로 일하기도 했죠. 당에서 유학한 6두품 중에서는 신라로 돌아와 골품제를 비판하며 신라를 새롭게 바꾸자고 주장한 사람들도 있었습니다. 하지만 그들의 개혁안은 지배층인 진골 귀족의 반대로 받아들여지지 않았어요.

그러자 일부 6두품은 호족과 손을 잡습니다. 호족과 힘을 합쳐 새로운 사회를 건설하고자 한 거죠.

신라 말에 등장한 호족 중에서는 나라를 세울 만큼 힘을 키운 사람도 있었어요. 바로 견훤과 궁예입니다. 견훤은 지금의 전주인 완산주에서 후백제를 세웁니다. 궁예는 지금의 개성인 송악을 수도로 삼아 후고구려를 세우고요.

이렇게 한반도는 다시 후백제와 후고구려, 신라 세 나라가 세력을 다투는 상황을 맞이합니다. 이 시대를 후삼국 시대라고 불러요.

견훤과 궁예는 왜
후삼국을 통일하지 못했나요?

 후삼국을 이끌어 간 리더로는 견훤과 궁예 말고도 고려를 세운 왕건이 있습니다. 그리고 후삼국 통일은 왕건의 고려에 의해 이루어져요. 왕건은 원래 궁예의 부하였어요. 왕건은 대체 어떤 사람이었기에 견훤과 궁예를 제치고 후삼국 통일의 주인공이 될 수 있었을까요?

 가끔 학교에서 선생님이 조별 과제를 주실 때가 있지요? 그러면 우리는 조원과 함께 모여서 조장을 먼저 뽑아요. 조장은 조원들의 힘을 모아 과제를 잘 끝마칠 수 있도록 이끌어야 하죠. 이렇게 다른 사람을 이끄는 능력을 우리는 '리더십'이라고 부릅니다.

 그런데 사람마다 가진 리더십은 다 달라요. 누군가는 소통을 잘해서 주위의 공감을 얻으며 사람들을 이끌어 가요. 어떤 사람은 넘치는 카리스마와 결단력으로 사람들을 이끕니다. 또 규칙을 중요시하며 공정하고 엄격한 태도로 이끄는 사람도 있고요.

여러분은 어떤 리더십을 가진 사람이 되고 싶나요? 사람들은 어떤 리더를 더욱 따르게 될까요? 견훤과 궁예, 왕건이 어떤 리더십을 가지고 있었는지 잘 살펴보면 왜 왕건이 후삼국을 통일했는지를 알게 될 거예요.

먼저 후백제를 세운 견훤을 살펴볼게요. 견훤은 신라의 남서쪽 해안을 지키는 장수였어요. 견훤은 호랑이의 젖을 먹으며 자랐다고 전해질 만큼 굉장히 용맹한 장수로 이름을 날렸습니다.

견훤은 전라도 지역을 기반으로 후백제를 세웁니다. 이 지역에는 백제를 그리워하는 사람들이 아직도 많이 살고 있었기 때문이에요. 후백제는 강한 군사력을 바탕으로 빠르게 성장해요. 신라의 수도인 경주를 공격해 신라 왕을 죽이기도 했지요.

후삼국을 통일한 왕건도 후백제와 싸우다 몇 차례나 위기에 빠졌어요. 전투에서 패배해 간신히 몸만 탈출한 적도 있고요. 그만큼 후백제는 강한 나라였어요. 그리고 이 후백제를 이끈 견훤은 뛰어난 전투력과 승부사 기질을 가진 리더였지요.

그러나 견훤의 리더십에는 큰 단점이 있었어요. 그건 바로 사람들을 자신의 편으로 끌어들이지 못한다는 점이었어요. 견훤은 백제를 잇는다는 뜻으로 나라 이름을 후백제라고 지었지만 막상 옛 백제 지역에 있던 호족들의 마음을 사지는 못했습니다. 경주를 점령했을 때도 그곳에 살던 백성들을 약탈하고 거칠게 대하는 바람에 신라 백성들의 미움을 샀고요.

견훤은 심지어 가족들과도 잘 지내지 못했어요. 견훤의 아버지인 아자개는 아들이 왕인데도 나중에 고려에 가서 항복합니다. 또 아들인 신검은 왕위 다툼 끝에 동생을 죽이고 견훤을 절에 가두는 짓까지 하게 돼요.

그러자 견훤은 아들에게 복수하기 위해 고려로 가서 왕건에게 항복합니다. 정말 웃지 못할 일이죠. 견훤이 떠난 후백제는 일리천 전투에서 고려에 패배하며 결국 멸망하고 말아요.

다음으로 살펴볼 인물은 후고구려를 세운 궁예입니다. 궁예는 신라의 왕족 출신이라고 전해져요. 그는 절에 들어가 승려 생활을 하다가 양길이라는 호족의 부하가 됩니다.

이때 궁예는 늘 병사들과 어려움을 함께했다고 해요. 그러니 병사들이 믿고 따를 수밖에 없었지요. 궁예는 이렇게 조금씩 세력을 키워 나가며 결국 후고구려를 세웁니다.

그러나 나라를 세우고 난 뒤 궁예는 점점 변해 가기 시작했어요. 그는 왕의 힘을 절대적으로 강하게 만들어 자신에게 대드는 사람들을 억누르려 했지요.

궁예는 자신이 미륵불이라서 사람의 마음을 꿰뚫어 볼 수 있다고 주장했어요. "내 눈엔 네 마음이 다 보이는구나. 네가 지금 나쁜 마음을 가지고 있는 것이 아니냐?" 하는 거죠. 이렇게 사람의 마음을 들여다보는 능력을 '관심법'이라고 합니다. 당연히 실제로는 있을 수 없는 능력이지만요.

궁예는 이런 식으로 관심법을 이용해 없는 죄를 뒤집어씌워 마음에 들지 않는 신하들을 처형했어요. 심지어 자신의 아내인 강씨와 두 아들까지 살해했지요. 이런 궁예의 잔인한 모습은 수많은 사람들을 벌벌 떨게 만들었습니다. 그를 도와 함께 나라를 세운 사람들도 결국은 등을 돌리게 되었어요.

통일의 주인공 왕건은 어떤 점에서 궁예, 견훤과 달랐나요?

마지막으로 살펴볼 인물은 왕건입니다. 왕건은 궁예의 신하였어요. 그는 후고구려에서 수군을 이끌고 후백제와 싸우며 많은 공을 세웁니다. 그리고 다른 호족들의 지지를 받으며 세력을 키워 나가요.

궁예의 난폭한 정치가 계속되자 호족들은 궁예를 내쫓고 왕건을 왕위에 올립니다. 왕위에 오른 왕건은 나라

이름을 고려로 지어요.

　왕위에 오른 왕건이 처음으로 한 일은 백성들을 다독여 마음을 얻는 것이었어요. 백성들은 계속된 전쟁과 지배층의 괴롭힘 때문에 고통받고 있었거든요.

　가장 먼저 왕건은 백성들이 내는 세금을 줄여 줍니다. 그리고 가난한 백성을 도와주기 위해 흑창이라는 제도를 실시해요. 흑창은 먹을 것이 없는 백성들에게 곡식을 빌려 준 뒤 가을에 추수를 하고 나면 갚도록 하는 제도예요. 당장 돈이 없어 굶어야 하는 사람에게는 가뭄의 단비와 같았지요.

　이렇게 백성들의 마음을 안정시킨 왕건은 후삼국 통일을 향해 달려 나갑니다. 왕건은 혼자만의 힘으로는 전쟁에서 승리할 수 없다는 것을 알고 있었어요. 그래서 호족들을 자신의 편으로 끌어들이기 위해 여러 가지 노력을 합니다.

　하지만 단지 친하게 지내자는 말 한마디로 호족들이 쉽게 넘어올 리는 없겠죠? 그래서 왕건은 힘이 센 호족들과 가족이 됩니다. 그들의 딸과 결혼을 하는 것이지요. 아무래도 혼인으로 묶여 있으면 관계는 더욱 돈독해질 테니까요.

또 왕건은 호족들을 우대하는 정책을 펼쳤어요. 안정된 지위와 충분한 보상을 약속해 주는 거죠. 왕건은 자신을 배신했던 사람이나 한때 적이었던 사람들까지도 자신의 편이 되면 크게 환영하고 잘 대우했습니다.

그래서 나중에는 견훤의 아버지인 아자개도, 신라의 경순왕도 왕건에게 항복했어요. 심지어는 가장 큰 적이었던 견훤마저 고려에 항복했죠. 다른 사람을 너그럽게 받아들이는 힘 덕분에 왕건은 나라를 빠르게 안정시키고 힘을 키울 수 있었습니다.

왕건의 리더십을 통해 우리는 어떻게 하면 주변 사람들이 저절로 따르는 리더가 되는지 배울 수 있습니다. 힘으로 다른 사람을 억누르는 사람은 결국 패배할 수밖에 없어요. 다른 사람들을 받아들이고 마음까지 얻어 내는 사람이 진정한 승리자가 됩니다.

진정한 삼국 통일을 이루어 낸 왕건

결국 왕건은 후삼국을 통일합니다. 고려의 후삼국 통일은 신라의 삼국 통일보다 완성도 높은 통일이었다는 평가를 받아요. 고려는 신라와 후백제의 백성들을 따뜻하게 품었을 뿐만 아니라 거란에 멸망한 발해 유민까지도 받아들입니다.

삼국을 통일한 신라는 고구려와 백제 사람들이 "우리는 모두 신라 사람이야!"라고 생각할 만큼 그들을 끌어안지 못했어요. 그러니 나중에 옛 고구려와 백제 땅에서 후고구려와 후백제가 탄생하게 되었지요.

하지만 고려 때부터는 모든 백성이 하나의 민족이라는 생각을 갖게 되었습니다. 진정한 민족의 통일이 이루어진 거예요.

고려는 여러모로 신라와는 다른 모습을 보여 줘요. 신라에서는 능력이 있어도 골품제라는 신분 제도 때문에 자신의 재능을 펼칠 수 없었잖아요. 하지만 고려는 다양한 출신의 호족들과 능력 있는 6두품이 손잡고 세운 나라예요. 이제는 다양한 지방 세력들이 중앙의 정치에 참여하게 됩니다. 6두품 출신들도 고려의 관리가 되어 자신의 능력을 마음껏 발휘할 수 있었죠. 보다 많은 사람들에게 기회가 열린 사회로 한 발짝 나아간 거예요.

역사는 진정한 강함이 무엇인지 알려 준다

후삼국 시대에서 승자가 된 사람은 견훤도 궁예도 아닌 왕건이에요. 다른 사람을 거칠게 대하고 겁주던 견훤과 궁예는 후삼국을 통일하는 데 실패하고 말았어요.

왕건이 고려를 세우고 후삼국을 통일한 비결은 마음을 얻고 친구가 되는 것에 있었어요. 자신보다 힘이 약해도, 심지어 적이었다고 해도 너그러운 마음으로 상대를 받아들였기 때문에 사람들이 왕건을 따르게 된 거죠.

역사를 공부하다 보면 아무리 세더라도 힘으로는 사람들을 하나로 모을 수 없다는 사실을 알게 됩니다. 그리고 나라는 절대 혼자 세울 수 없어요. 많은 사람들의 도움이 필요하지요. 그래서 힘으로 사람들을 위협하면 잠시 강해 보일 수 있지만 결국은 패배하게 돼요. 진정한 승리는 단순히 힘으로만 주어지지 않으니까요.

우리 주변에서도 이런 경우를 종종 찾아볼 수 있어요. 자신이 가진 힘으로 주위 친구들을 마음대로 하려는 아이들 말이에요. 지금 당장은 그런 아이들이 힘도 세고 주위에 친구도 많은 것처럼 보여요. 하지만 누군가를 괴롭히는 사람은 진정한 승리를 얻을 수 없어요.

역사에서 배운 리더십을 잊지 말고 떠올려 보세요. 진짜 강함은 다른 사람들을 이해하고 받아들이는 데 있다는 것을 말이에요.

2장

왕은 무엇이든 마음대로 할 수 있는 사람 아닌가요?

참고 기다리는 마음

여러분은 알고 있는 사자성어가 있나요? 한 가지 일로 두 가지 이익을 얻는다는 뜻인 '일거양득'이나 죽을 고비에서 살아났다는 뜻인 '구사일생' 같은 유명한 사자성어는 많은 친구들이 알고 있을 거예요.

그런데 조금 어려운 사자성어 중에 '도광양회(韜光養晦)'라는 말이 있어요. 도광양회는 빛을 감추고 어둠 속에서 힘을 기른다는 뜻이에요. 자신의 재능을 숨기고 인내하며 때를 기다린다는 의미입니다.

　우리 역사 속에서도 도광양회라는 말이 딱 어울리는 인물이 있습니다. 바로 고려 광종인데요. 고려 광종은 무려 칠 년이라는 긴 시간을 참을성 있게 기다렸다고 해요. 바로 자신의 때를 위해서 말이죠.

광종은 왜 긴 시간을 기다려야만 했나요?

　앞에서는 고려를 세우고 후삼국을 통일한 왕건의 특별한 리더십에 대해서 이야기했어요. 왕건은 사람들을 자신의 편으로 만들기 위해 여러 가지 정책을 펼쳤습니다. 특히 호족들을 끌어들이기 위해 수많은 호족의 딸과 결혼했어요. 부인이 스물아홉 명이나 될 정도였지요. 혼인 정책을 통해 왕건은 호족들의 확실한 지지를 얻을 수 있었어요.

문제는 그 다음에 찾아왔어요. 왕건의 부인이 무려 스물아홉 명이나 되다 보니 아들도 스물다섯 명이나 있었거든요. 그럼 왕건과 결혼한 딸을 둔 호족들은 무슨 생각을 했을까요? 당연히 자신의 손자를 왕으로 만들고 싶지 않았을까요?

그래서 왕건이 죽고 난 후 호족들 사이에서는 왕위를 둘러싸고 치열한 다툼이 벌어집니다. 호족들을 하나로 모았던 왕건의 정책이 결과적으로 또 다른 다툼을 불러온 거예요.

고려는 처음부터 호족들과 힘을 합쳐 세워진 나라잖아요. 그러다 보니 왕이라도 호족을 쉽게 무시할 수는 없었지요.

고려가 후삼국을 통일한 뒤에도 호족들은 여전히 지방에서 상당한 힘을 갖고 있었어요. 그래서 왕건이 다스리던 때는 왕권이 그렇게 강하지 못했습니다.

태조 왕건이 죽자 맏아들이었던 혜종이 왕위를 이어받았어요. 하지만 혜종은 왕이 된 뒤로 줄곧 호족들에게 자신의 자리를 위협받습니다. 혜종은 자신의 뒤를 이을 왕조차 정하지 못하고 왕이 된 지 이 년 만에 세상을 떠나게 돼요.

이후 왕위를 차지하려는 다툼은 더욱 심해져요. 정종이 혜종의 뒤를 이어 고려의 세 번째 왕이 되었지만 그 역시 사 년 만에 세상을 떠납니다. 그리고 정종의 뒤를 이어 왕이 된 사람이 바로 광종이었어요.

자신의 목숨도 형들처럼 위태롭다는 생각에 광종은 매일 불안에 떨었을 거예요. 이대로 가다간 세워진 지 얼마 되지도 않은 고려가 또다시 갈라질지도 모르는 일이잖아요. 호족들이 각자 새로운 나라를 세우겠다고 들고일어날 수도 있으니까요. 광종으로서는 무슨 수를 써서라도 호족의 힘을 약하게 만들고 왕권을 강화해야만 했습니다.

하지만 아무런 준비도 되지 않은 상태에서 섣불리 호족들과 싸움을 벌일 수는 없었어요. 언제든 목에 칼을 겨눌 수 있는 신하들이 왕을 둘러싼 상황이었으니까요. 그

래서 광종은 한발 물러서기로 결심했습니다. 그리고 무려 칠 년이라는 기나긴 시간 동안 나서지 않고 적당한 때를 기다렸어요.

호족들은 약해 보이는 광종을 허수아비라고 생각했을 거예요. 왕이라는 이름만 가진 채 정말 아무것도 하지 않고 신하들이 왕에게 올리는 문서에 그저 도장만 쾅쾅 찍어 주었으니까요. 그러니 호족들도 딱히 광종을 견제하지 않았습니다.

그러나 광종은 칠 년 동안 아무것도 하지 않았던 것이 아니었어요. 자신의 뜻을 이룰 때를 기다린 것이지요.

광종은 《정관정요》라는 책을 열심히 읽었다고 해요. 이 책은 왕이 어떻게 나라를 다스려야 하는지 알려 주는 책이거든요. 많은 왕들이 이 책을 읽으면서 나라를 다스렸다고 해요. 광종은 왕이 된 후 칠 년 동안 《정관정요》를 읽으며 머릿속으로 끊임없이 전략을 세우고 있었던 것입니다.

칠 년이 지난 뒤
어떤 일이 벌어졌나요?

광종의 통치는 몸을 움츠리며 때를 기다린 시기, 제도를 개혁한 시기, 왕권을 강화한 시기 이렇게 세 시기로 나눌 수 있어요. 허수아비 왕처럼 행동하면서 호족의 경계를 느슨하게 만든 광종은 즉위 칠 년째 되는 해에 드디어 본격적으로 개혁에 나섭니다.

우선 적을 제대로 알아야 이길 방법을 찾을 수 있어요. 호족의 힘을 빼앗기 위해서는 그들이 어떻게 힘을 가지게 되었는지를 이해해야 합니다. 후삼국 시대에는 많은 전쟁이 있었어요. 그때 포로로 끌려가거나 빚을 지는 바람에 억울하게 노비가 된 사람들이 많았지요.

호족들은 이런 사람들을 노비로 거느리면서 힘을 키웠어요. 노비들에게 농사를 짓도록 시켜 재산도 많이 모으고 이들을 병사로 키워 사적인 군대를 만들기도 했습니다. 그러니 호족이 소유한 노비들의 수만 줄여도 그들의 힘이 꺾이겠지요?

그래서 광종은 호족을 누르기 위한 첫 번째 카드로 '노비안검법'을 꺼냅니다. 노비안검법은 억울하게 노비가 된 백성들을 원래 신분으로 되돌려 주는 법이에요. 호족들은 노비안검법을 반대하고 싶었을 거예요. 자신들의 세력을 키우는 데 중요한 역할을 하는 노비를 잃는 셈이니까요.

광종도 호족들의 이런 반응을 예상하고 있었어요. 그래서 모두가 인정할 수밖에 없는 이유를 내놓습니다. 나라의 사정이 어려우니 노비를 풀어 줘서 더 많은 세금을 걷어야 한다는 이유였지요.

이게 무슨 말이냐고요? 나라를 운영하려면 백성들로부터 세금을 걷어야겠지요? 그런데 노비는 주인이 가진 사유 재산으로 취급되어 세금을 내지 않았거든요. 광종이 세금을 내야 하는 신분인 양인의 수를 늘려 나라의 살림을 튼튼하게 한다고 하니 호족들도 강하게 반대하기는 어려웠어요.

결국 노비안검법은 무사히 시행되었습니다. 광종은 많은 힘을 들이지 않고도 호족들에게 큰 타격을 입혔어요. 노비에서 해방된 백성들이 늘어나면서 나라의 살림도 넉넉해졌습니다.

이렇게 노비안검법으로 호족들을 한 차례 제압한 광종은 이 년 후 두 번째 카드를 꺼내 듭니다. 이제부터는 시험을 치러서 관리를 뽑겠다고 선언했지요.

광종은 왕위에 오른 뒤 외국의 똑똑한 인재들을 고려 사람으로 만들어 주면서 자신의 신하로 두려고 했어요. 광종이 외국인을 관리로 삼은 데는 이유가 있었습니다. 외국에서 온 사람이니 호족들과는 아무 관련이 없어 오직 왕의 말만 듣고 따르는 신하가 될 수 있었거든요. 게다가 이들이 자신의 나라에 있는 발전된 통치 방식을 고려로 가져오기도 했고요.

이때 중국의 후주에서 온 쌍기가 광종의 눈에 들어 관리로 임명됩니다. 쌍기는 광종에게 과거제를 실시하자고 제안하죠.

과거제는 시험을 통해 나라의 관리를 뽑는 제도예요. 원래 고려에서는 추천을 받아서 관리를 뽑았어요. 그러면 아무래도 힘 있는 집안의 아들이 관리가 될 가능성이 컸겠죠.

광종은 쌍기의 건의를 받아들여 앞으로 과거제를 실시해 실력 있는 관리를 뽑겠다고 선언해요. 이 선언에는 실력을 평가하겠다는 뜻과 함께 왕이 직접 자신의 신하를 뽑겠다는 의도가 들어 있어요. 왕에게 충성하는 신하가 많아지면 왕의 힘도 더욱 강해질 테니까요.

과거제는 호족들을 향한 강력한 경고이기도 했어요. 왕에게 충성할 준비가 되어 있지 않으면 관직에 오를 수 없다는 거죠.

나중에 광종은 여기서 한발 더 나아가 관리들의 공식 복장을 정합니다. 관직의 높고 낮음에 따라 각각 보라색, 붉은색, 초록색 등으로 옷을 나누어 입도록 한 거예요. 이제부터는 왕이 직접 관리들의 서열을 정하겠다는 뜻을 보여 주는 신호였습니다.

호족들의 견제와 위협 속에서 자신의 뜻을 펴기 위해 칠 년 동안 인내하며 준비한 광종. 그의 개혁은 호족의 힘을 억누르기 위해서 시작되었습니다. 하지만 이 개혁은 고려 사회를 놀랍도록 변화시켰어요. 억울하게 노비가 된 자들을 양인으로 해방시키고 실력에 따라 관직에 오를 수 있는 길을 열어 주었으니 말이에요. 광종은 이렇게 고려의 새로운 미래를 연 군주로 역사에 남게 되었답니다.

하지만 빛이 있으면 어둠이 있는 법. 광종의 빛나는 업적 뒤에도 어두운 그림자가 있었어요. 고려를 새롭게 바꾼다는 이유로 너무나 많은 사람을 죽인 거죠.

피바람이 부는 왕실…
광종의 숙청은 옳은 선택이었을까요?

광종의 개혁 정책에 위협을 느낀 호족들은 하나둘씩 들고일어났습니다. 고려를 세우는 데 큰 역할을 한 자신들을 내치는 왕에게 단단히 화가 났겠지요.

광종은 이러한 상황을 예상하고 있었어요. 그는 자신의 개혁 정책에 반대하는 호족과 공신들을 반란을 일으키려 했다는 이유로 제거하기 시작했어요. 이런 식으로 사람들을 처형하는 것을 숙청이라고 합니다. 호족들은 노비안검법으로 힘이 약해진 상태였기 때문에 광종에게 저항하기 어려웠어요.

광종의 개혁과 공신 숙청으로 고려의 왕권은 크게 강화됩니다. 광종의 뒤를 이은 성종은 이렇게 안정된 왕권을 바탕으로 중앙 집권 체제를 강화하고 나라를 운영하는 데 필요한 여러 제도를 마련할 수 있었고요. 하지만 우리가 놓치지 말아야 할 사실이 있어요.

광종은 자신의 뜻을 이루기 위해 너무나 많은 사람의 피를 흘렸습니다. 왕에게 맞서거나 왕의 의심을 산 사람들은 누구도 예외 없이 처형당하고 말았거든요. 나라를 세우는 데 큰 힘을 보탰던 호족 중 살아남은 사람이 사십여 명밖에 되지 않을 정도였어요.

심지어 광종은 자신의 동생과 조카까지도 죽이고 말았어요. 피바람이 부는 왕실 때문에 고려는 한동안 공포에 벌벌 떨어야만 했지요.

역사 속 인물들은 훌륭한 업적을 남기기도 하지만 인간적인 약점을 드러내기도 해요. 그래서 역사는 균형 잡힌 눈으로 바라봐야 합니다.

물론 한 나라의 왕으로서 나라를 다스린다는 것은 쉽지 않은 일입니다. 고려 초기 매일 위협받던 왕의 자리를 안정시키기 위해서는 호족들을 제압하는 과정이 반드시 필요했을 거예요. 하지만 지나칠 정도로 많은 사람의 목숨을 빼앗은 광종의 잔혹함은 경계하고 비판해야 마땅합니다.

광종의 대규모 숙청은 옳은 선택이었을까요? 이처럼 역사 속에는 언제나 빛과 어둠이 함께 있다는 사실을 여러분이 잊지 않았으면 좋겠습니다.

준비하면 반드시 기회가 온다

우리나라의 역사는 사회가 발전한 정도에 따라 시기를 구분해요. 고조선 시대부터 남북국 시대까지를 고대라고 부르고 고려 시대부터를 중세라고 부른답니다. 고대와 중세는 무엇이 다를까요? 무엇을 기준으로 시기를 나누었을까요?

고대 국가인 신라에 살았던 사람들은 골품제 같은 신분 제도 때문에 능력과 상관없이 태어난 신분에 맞게 살아야 했어요. 모든 가능성과 기회가 철저하게 닫혀 있는 사회였지요.

하지만 중세 국가인 고려는 다릅니다. 실력이 있으면

어느 정도 꿈을 펼칠 기회를 얻을 수 있었어요. 물론 지금 우리가 살아가는 현대 사회에 비하면 기회의 폭이 훨씬 좁지만 아예 기회가 없던 고대에 비하면 훨씬 넓어진 거예요.

고려는 통일 과정에서 지방 호족 세력의 도움을 받았잖아요. 이들이 정치에 참여하게 되면서 이전 시대인 신라에 비해 기회의 폭이 넓어졌습니다. 그리고 광종이 실시한 과거제는 고려 사회를 능력이 중요하게 여겨지는 곳으로 한발 더 나아가게 했죠.

이런 변화는 그냥 주어지는 것이 아닙니다. 어디에나 변화를 싫어하는 사람은 있을 수밖에 없거든요. 광종이 고려 사회를 개혁하기 위해 칠 년이라는 오랜 시간을 참아 낸 이유지요.

긴 시간 동안 광종도 때로는 답답하고 괴로웠을 거예요. 하지만 광종은 오랜 시간을 기다리고 또 견뎌 냈어요. 자신의 목표가 뚜렷했기 때문입니다. 고려를 호족들이 좌지우지하지 못하는 강력한 왕권을 갖춘 나라로 만들겠다는 목표 말이죠. 확실한 목표를 가진 사람은 어떤 비바람이 불어닥쳐도 굳건히 버틸 수 있답니다.

때로는 여러분도 꿈을 이루기 위해 힘든 시간을 견뎌야 할 수도 있어요. 그럴 때마다 '나에겐 목표가 있어. 열심히 준비하고 있으면 내게도 반드시 기회가 찾아올 거야'라고 생각해 보면 어떨까요? 자신의 목표를 이루기 위해 오랜 시간 준비했던 광종처럼 말이에요.

> 3장

문벌은 무슨 잘못을 했을 때 내리는 벌인가요?

나를 돌아보자

　새 학기가 시작되거나 새로운 학원에 다니게 될 때 여러분은 어떤 기분이 드나요? 긴장도 조금 되겠지만 설레기도 할 거예요. 낯선 환경에 적응하려 노력하기도 하고 새로운 사람이 된 것처럼 무언가를 굳게 다짐해 보기도 하지요.

　이렇게 처음에 품은 마음을 '초심'이라고 부른답니다. 하지만 시간이 지나면 새롭던 일도 익숙해져요. 들뜨고

두근댔던 기분은 사라지고 지루하고 뻔하다는 생각이 들기도 하지요. 처음에 잘해 보려고 했던 마음이 갈수록 흔들렸던 적도 있을 거예요.

어른들도 마찬가지예요. 종종 초심을 잃어버리곤 합니다. 뉴스를 보면 돈을 많이 벌고 성공한 뒤로 갑자기 거만한 태도를 보이는 유명인들의 모습이 나오기도 하잖아요. 모두가 처음 품었던 마음을 잊지 않는다면 더 아름답고 서로를 믿는 사회로 나아갈 수 있을 텐데, 안타까운 일이에요.

역사 속에서도 초심을 잃는 사람을 종종 볼 수 있습니다. 사회의 문제점을 극복하기 위해 개혁을 부르짖던 사람들이 막상 권력을 가지면 자신의 이익만을 생각하는 경우가 많거든요.

고려를 세운 세력은 호족과 신라의 6두품이에요. 이들은 후삼국 시대의 혼란을 딛고 일어나 새로운 미래를 꿈꾸었죠.

그리고 고려가 세워지면서 호족과 6두품은 고려의 지

배층이 됩니다. 이들 중 여러 세대에 걸쳐 높은 지위의 관리를 배출한 가문을 '문벌'이라고 해요. 권력을 잡은 문벌은 더 이상 개혁에는 관심을 두지 않았어요. 온갖 특권을 누리며 더 많은 권력과 부를 독점하려 했죠.

문벌이 다스리는 고려는 어떻게 변했나요?

문벌은 과거와 음서로 중요한 관직을 독차지했어요. 고려 광종 때부터 과거제가 시행되었지만 왕족이나 공신, 품계가 5품 이상인 고위 관리의 자손은 과거를 보지 않아도 관직이 주어졌어요. 이렇게 높은 가문에게 관직을 주는 제도를 음서라고 불러요.

높은 관직을 전부 차지한 문벌은 왕실 혹은 다른 문벌과의 혼인을 통해 자신의 권력을 강화했어요. 그리고 나라에서 주는 토지 말고도 자신의 힘을 이용해 넓은 땅을 차지했지요.

　이토록 힘이 강했던 문벌을 대표하는 사람이 이자겸이에요. 이 사람은 왕의 외할아버지면서 동시에 장인이었습니다. 어떻게 그게 가능했냐고요?

　이때 고려에서는 친척끼리 결혼하는 경우가 꽤 있었어요. 예종과 이자겸의 둘째 딸이 결혼해서 인종을 낳았는데 이자겸이 손자인 인종에게 다시 자신의 셋째, 넷째 딸을 시집보낸 거예요. 그러니까 인종은 자신의 이모들과 결혼한 셈이지요. 이자겸은 고려 왕실과 혼인 관계를 맺으며 막강한 권력을 손에 넣게 되었어요.

　이자겸은 마치 자신이 고려의 왕인 것처럼 행동했어요. 왕을 아랫사람 대하듯 하고 마음대로 외국에 사신을 보내기도 했지요. 나랏일을 자기 멋대로 주무르기 시작했습니다.

　결국 인종은 외할아버지이자 장인인 이자겸을 제거할 계획을 세웁니다. 이를 눈치챈 이자겸은 질 수 없다는 듯 왕의 자리를 빼앗기 위해 반란을 일으켜요. 하지만 이자겸의 부하 척준경이 그를 배신하는 바람에 반란은 성공하지 못하고 끝이 나지요. 이자겸과 그의 가문은 몰락하고요.

사실 욕심은 누구에게나 있는 자연스러운 마음이에요. 하지만 지나치게 욕심을 부리면 물불 가리지 않고 위태로운 일에 뛰어들게 되지요. 그리고 결국엔 작은 것을 가지려다가 모든 것을 잃게 될 수도 있어요.

이자겸 역시 조금만 욕심을 내려놓았더라면 마지막에 그렇게 끝나지는 않았을 거예요. 하지만 이자겸은 자신이 가진 권력을 조금도 포기하지 않았어요. 나중에는 유혹을 이겨 내지 못하고 반란까지 일으켰지요. 그래서 결국 쓸쓸히 역사의 뒤편으로 사라져야만 했어요.

이렇게 이자겸은 사라졌지만 문벌의 시대는 끝나지 않았어요. 나라의 권력을 잡고 있는 사람들은 아직도 문벌이었습니다. 그들은 이자겸의 모습을 보면서 느낀 것이 없었던 걸까요? 그 뒤로도 문벌은 자신들의 권력을 챙기는 데만 급급한 모습을 보여 줍니다.

결국 고려도 초심을 잃은 건가요?

여러분은 고려라는 나라 이름이 어떻게 지어졌는지 아시나요? 바로 고구려를 잇는다는 뜻에서 지어진 이름이에요. 삼국 시대에 넓은 땅을 다스리며 중국의 강한 나라들을 연이어 물리쳤던 고구려 말이죠.

고려는 나라가 세워진 뒤로 고구려의 강인함을 이어 나가기 위해 노력했습니다. 태조 왕건은 고구려의 옛 땅을 되찾기 위해 북진 정책을 추진해 북쪽으로 영토를 넓혔어요. 나중에 거란이 침입했을 때도 고려는 자신이 고구려를 계승한 나라임을 주장하기도 했죠.

그런데 시간이 흐르면서 고려는 점점 초심을 잃어 갔어요. 권력을 독차지하고 있던 문벌은 어떻게든 전쟁을 피하려 했습니다. 전쟁을 하면 새로운 세력이 성장할 수도 있고 나라도 혼란스러워지잖아요. 문벌 입장에서는 괜히 주변 나라들과 부딪치고 싸우느니 지금처럼 편안하게 살고 싶었던 거예요.

이때 중국에서는 여진이 세력을 키워서 금이라는 나라를 세웠어요. 그리고 금은 고려에 자신들을 섬기라고 요구했지요. 고려에서는 금과의 관계를 어떻게 할 것인가를 놓고 고민했어요.

당시 권력을 잡고 있던 이자겸은 금의 요구를 받아들이자고 주장했어요. 사서 고생할 필요가 없다는 것이었죠. "금의 힘이 엄청난 듯하니 굳이 맞서지 말자"라는 것이 문벌의 입장이었어요. 시키는 대로 고분고분 말을 잘 듣고 조공을 바치면 금과 사이가 나빠지지 않을 거라는 말이었죠.

이런 주장을 했던 문벌 대부분은 고려의 수도 개경에 살고 있었는데요. 그래서 이들을 '개경파'라고 불렀습니다. 결국 이자겸을 포함한 개경파의 뜻대로 고려는 금을 신하로서 섬기기로 해요.

한편 개경파의 주장에 반대하는 새로운 세력이 등장해요. 이자겸이 반란을 일으키면서 몰락하자 금을 섬기지 말자고 주장하던 사람들이 목소리를 내기 시작한 거예요. 금을 멀리하자는 주장이 힘을 얻자 인종은 이 사람들을 관리로 뽑아서 개혁을 추진하려 했어요. 이들을 '서경파'라고 부릅니다.

　서경파는 권력을 독차지한 개경과 문벌들에게 불만을 갖고 있었어요. 이들은 고려가 금과 굴욕적인 관계를 맺는 것을 반대했습니다. 오히려 금을 정벌하자는 주장까지 펼쳤지요. 또 수도인 개경의 기운이 약해졌으니 서경으로 수도를 옮기자고 주장했어요.

　서경은 지금의 평양으로 과거에 고구려의 수도였던 곳이에요. 서경파는 고려가 당당했던 고구려를 닮은 나라가 되길 바랐던 거예요. 하지만 개경파는 당연히 서경으로 수도를 옮기려 하지 않았지요.

　결국 서경파를 이끌던 묘청은 서경에서 반란을 일으켜요. 이를 묘청의 서경 천도 운동이라고 해요. 하지만 묘청의 서경 천도 운동은 개경파를 이끌던 김부식에게 진압당하면서 막을 내리게 됩니다.

욕심을 버리지 못했던
문벌의 마지막 모습

앞서 이자겸의 난과 묘청의 서경 천도 운동에 대해 이야기했어요. 이 사건들은 고려가 혼란스러워지고 있다는 것을 알리는 위험 신호였습니다. '이대로는 안 돼! 사회를 변화시켜야 해!'라는 신호였지요. 하지만 문벌은 그 신호를 무시했어요.

한편으로는 고려의 왕들이 개혁을 위해 노력하기도 했어요. 하지만 개혁이 번번이 실패로 돌아가자 왕들도 점점 나라를 제대로 다스리지 않고 사치스러운 생활에 빠지고 맙니다. 당연히 나라 꼴은 말이 아니었지요.

당시 고려에서 제일 높은 지배층을 이루는 관료는 크게 두 부류로 구성되어 있었어요. 글공부를 해서 관직에 오른 신하들을 문신, 혹은 문관이라고 했습니다. 대부분의 문벌이 문신이었죠. 반면 나라를 지키는 군사 일과 관련된 관리는 무신, 혹은 무관이라고 했어요.

나라를 다스릴 때 문신과 무신 중 어떤 신하가 더 중요할까요? 당연히 둘 다 중요해요. 어느 쪽도 차별을 받아서는 안 됩니다.

그런데 고려는 문신을 더 우대하는 사회였어요. 무신은 가장 높은 관직에는 오르지 못했습니다. 승진에도 제한이 있었어요.

거란을 물리친 강감찬과 여진을 정벌한 윤관도 모두 문신이었어요. 무신은 군사를 지휘하는 장수의 자리까지는 오를 수 없었던 거예요. 그리고 과거에서도 무신을 뽑는 무과는 거의 시행되지 않았죠. 이자겸의 난과 묘청의 서경 천도 운동을 거치면서도 무신에 대한 차별은 계속되었어요.

하급 군인들에게는 월급 대신 주는 토지도 제대로 지급되지 않았습니다. 또 군인들은 자신들이 맡은 일 외에도 이런저런 공사에 동원되었죠. 군인들의 불만은 점점 커졌어요.

게다가 일부 젊은 문신들이 무신들에게 모욕을 주는

일까지 생깁니다. 많은 부하들에게 존경받는 정중부라는 무신이 있었는데요. 한참 젊은 문신이었던 김돈중이 장난삼아 정중부의 수염에 촛불로 불을 붙인 거예요. 선을 넘어도 한참 넘은 행동이죠.

 도를 넘은 문신들의 행동은 그 후로도 끝이 없었습니다. 한번은 젊은 문신 한뢰가 일흔이 넘은 무신 이소응의 뺨을 때리는 사건이 일어나요. 한뢰는 뺨을 때리고도 '네깟 것들이 뭘 어쩔 수 있겠어?'라고 생각하며 기고만장한 태도를 보였습니다. 이때 정중부도 이 장면을 보고 있었어요. 그는 더 이상 참을 수 없었습니다.

이소응이 뺨을 맞고 몇 시간 뒤, 차별 대우와 모욕적인 행동을 참지 못한 정중부와 무신들은 칼을 빼들었어요. 그들은 그곳에 있는 문신들을 모두 죽이고 개경으로 가서 중요한 자리에 있었던 나머지 문신들까지 모조리 제거합니다. 왕이었던 의종도 폐위시켰죠. 이를 무신정변이라고 해요. 불만이 쌓일 대로 쌓인 하급 군인들도 이 정변에 동참합니다. 결국 길었던 문벌의 시대는 무신들의 칼 앞에 막을 내리고 말아요.

　문벌은 자신들의 권력이 영원할 거라고 믿었어요. 그래서 더욱더 권력을 움켜쥐려고만 했죠. 그 욕심이 화살이 되어 자신에게 날아올 줄은 미처 몰랐을 거예요.

　미래에 어떤 일이 벌어질지는 아무도 몰라요. 그래서 당장의 욕심 때문에 중요한 것을 잃어버리지 않도록 우리는 역사 속 인물들이 걸어온 길을 돌이켜 봐야 해요. 과거를 통해서 미래에 대한 답을 찾을 수 있거든요.

역사는 우리 모습을 돌아보게 한다

아프리카 어느 지역에서는 원숭이를 사냥할 때 특별한 방법을 사용한다고 해요. 먼저 주둥이가 좁은 항아리에 원숭이가 좋아하는 먹이를 넣어 놓아요. 그러면 냄새를 맡고 온 원숭이가 항아리에 손을 집어넣고 그 안에 있는 먹이를 움켜쥡니다.

그런데 먹이를 움켜쥐어서 주먹 모양이 된 원숭이의 손은 항아리의 좁은 주둥이를 통과하지 못해요. 손이 빠지지 않으니까 원숭이는 당황해서 꽥꽥 소리를 지르겠지요? 그러면 그 소리를 듣고 사람이 와서 원숭이를 잡아갑니다.

참 안타까운 일이 아닐 수 없어요. 손에 쥐고 있는 먹이를 놓기만 하면 다시 푸르른 자연 속으로 돌아가 나무와 나무 사이를 마음껏 뛰어다니면서 자유롭게 살 수 있을 텐데 말이에요.

　이러한 원숭이의 움켜쥔 주먹은 우리에게 많은 교훈을 줍니다. 우리 주변에도 수많은 사람들이 욕심을 포기하지 못하며 살고 있거든요. 욕심은 마치 항아리 속의 먹이와 같아서 움켜쥐고 놓지 못하면 결국 자신을 잃어버릴 수밖에 없습니다.

고려의 문벌도 마찬가지였어요. 문벌은 하늘을 찌를 듯한 권력과 세력을 누렸지만 그보다 더 많은 것을 가지기 위해 끝없이 욕심을 부리다가 결국 모든 것을 다 잃고 말았죠.

우리는 문벌의 최후를 함께 돌이켜 봤어요. 지나치게 욕심을 부리고 주위 사람들을 무시하면 언젠가 그 행동의 대가가 되돌아와요. 늘 겸손한 마음으로 자신의 행동을 돌아봐야 하는 이유는 바로 이것 때문이랍니다.

고려는 만만한 나라였나요?

하나를 주고 둘을 얻는 방법

고려는 끊임없이 다른 나라의 침입을 받았어요. 처음에는 거란, 다음에는 여진, 고려 말에는 몽골, 몽골이 물러간 뒤에는 홍건적과 왜구가 침입했죠.

우리나라가 침략당했던 역사를 들으며 기분이 좋아지는 사람은 없을 거예요. 고려가 힘이 너무 약했던 것이 아니냐며 속상해하는 친구들도 있지요. 하지만 고려가 만만한 나라여서 그랬던 것은 결코 아니에요. 고려 시대에는 중국에서 여러 세력이 주도권을 차지하기 위해 치열하게 경쟁했거든요. 그 영향이 고려에도 미친 것이죠.

오히려 우리가 기억해야 할 것은 고려가 계속되는 외적의 침략을 이겨 내고 수백 년 동안 역사를 이어 간 나라라는 사실입니다. 거란의 소배압이 십만 군사를 끌고 침입했을 때는 강감찬 장군이 귀주 대첩을 승리로 이끌면서 거란을 막아 내기도 했어요.

또 여진이 고려를 위협했을 때는 윤관 장군이 별무반이라는 특수한 군대를 길러 내서 여진을 몰아내고 동북 9성을 쌓았지요.

고려는 역사상 가장 큰 대제국을 건설한 몽골의 침입에 맞서서 무려 사십여 년을 버텨 내기도 했어요. 이렇게 고려가 강대국들 사이에서 오백 년이라는 긴 역사를 지속할 수 있었던 이유는 두 가지예요. 하나는 강대국에 맞설 만한 힘과 실력을 갖췄기 때문이고, 다른 하나는 탁월한 외교 정책을 펼쳤기 때문이에요.

• • •

협상은 서로 대화하고 의논하여 어떤 결정을 하는 일을 말해요. 우리처럼 평범한 사람들도 매일 협상을 하며 살아간다고 할 수 있죠. 친구들과 의견이 다른 경우 의견을 맞춰 가는 과정이 필요하니까요.

  나라 사이에도 종종 협상이 이루어집니다. 그리고 역사를 보면 평화롭게 협상이 이루어질 때도 있지만 저마다 이득을 얻기 위해 다투는 경우도 있어요. 한쪽 나라가 다른 쪽 나라보다 더 힘이 세서 강압적으로 행동할 때도 많고요. 그럴 때는 협상을 통해 내 나라의 안전과 이익을 지키기가 정말 어렵습니다.

  이번에 소개하고 싶은 사람들은 협상의 달인들이에요. 이들은 나라가 위기에 빠진 상황에서 전쟁이 아닌 협상으로 다른 나라의 침략을 막고 고려의 이익과 안전을 지킨 사람들이랍니다.

  먼저 만나 볼 사람은 고려의 외교관 서희입니다. 힘이 아닌 말로 거란과의 전쟁을 멈추고 땅까지 얻어 낸 사람으로 유명하지요.

말 몇 마디로 땅을 얻어 내는 것이 가능한가요?

고려는 나라 이름에서도 알 수 있듯이 고구려를 잇는다는 뜻을 가지고 건국되었어요. 그래서 나라가 세워진 직후부터 북쪽으로 영토를 확장했습니다. 그리고 발해를 무너뜨렸던 거란을 멀리했어요. 발해 역시 고구려를 계승한 나라였기 때문이에요. 반면 중국 남쪽에 있는 송과는 활발히 교류했지요.

당시 중국에서는 거란이 세력을 확장하고 있었어요. 송을 공격할 계획을 세우던 거란은 송과 친밀하게 지내는 고려가 무척 신경 쓰였을 거예요. 그래서 거란은 이 두 나라의 관계를 끊어 놓고자 고려를 공격합니다.

993년 거란의 장군 소손녕이 군사를 이끌고 고려로 쳐들어왔어요. 그는 자신이 팔십만 대군을 이끌고 왔다며 고구려의 옛 땅을 내놓고 항복하라고 협박했습니다.

당시 고려의 왕이었던 성종과 대다수의 신하들은 거

란의 요구를 들어 줘야 한다고 생각했어요. 거란군이 너무 많으니까요. 거란에 서경 북쪽의 땅을 내어 주자는 의견이 우세했습니다.

이때 "만나서 얘기해 보지도 않고 항복하다니 그게 말이 되느냐?"하고 호통을 치는 한 사람이 등장해요. 바로 서희입니다. 서희는 말만 앞세우는 사람이 아니었어요. 직접 소손녕을 만나 담판을 짓겠다고 나섭니다.

서희는 지금 당장의 위기를 모면하기 위해 고려의 땅을 조금 내주면 앞으로 거란은 점점 더 욕심을 부리면서 결국 고려 땅 전체를 빼앗을 것이라고 생각했어요. 그리고 고려가 싸워 보지도 않고 거란에 땅을 내준 것이 역사에 기록된다면 후세에 부끄러운 일이라며 왕과 신하들을 설득했죠.

지금 우리가 하는 말과 행동이 역사에 기록된다고 생각해 보세요. 그럼 어떤 말과 행동을 할지 좀 더 신중하게 고민하겠지요? 서희는 자신의 선택이 역사에 남는다는 사실을 알고 있었던 거예요.

뿐만 아니라 서희는 과거에 사신으로 송을 오가며 다른 나라들의 상황을 잘 파악해 두었어요. 그래서 거란이 고려에 쳐들어온 진짜 이유도 알고 있었죠.

거란이 하는 말에는 뭔가 이상한 점이 있었어요. 정말 고려를 칠 생각이었다면 그 엄청난 군대를 이끌고 공격하면 됐을 텐데 항복하라고 큰소리만 쳤으니까요.

서희는 거란에게 분명 다른 목적이 있을 것이라고 생각했어요. 이렇게 숨겨진 의도까지 염두에 두고 있었기 때문에 서희는 거란과의 협상에 자신 있게 나설 수 있었습니다.

협상은 마치 카드 게임과 비슷해요. 내가 가진 좋은 카드를 쉽게 꺼내서 보여 주면 안 된답니다. 그래야 상대방이 내가 가진 것을 궁금해하니까요. 나중에는 마음이 급해진 상대방이 자신의 카드를 꺼내게 되지요.

결국 소손녕도 먼저 자신의 카드를 드러냅니다. 그는 서희에게 "왜 가까운 거란은 멀리하고 송과 친하게 지내느냐"라는 말을 던져요.

당시 지도를 보면 거란의 앞에는 송이 있었고 뒤에는 고려가 있었어요. 그런데 송과 고려 두 나라의 사이가 좋다 보니 가운데 끼어 있는 거란 입장에서는 고민이 될 수밖에 없었습니다.

거란이 정말 공격하고 싶은 나라는 송이거든요. 그렇지만 송을 공격했다간 고려가 거란의 뒤를 공격할지도 모르잖아요. 그래서 거란은 고려와 송의 관계를 먼저 끊어 놓은 뒤 송과 제대로 싸우려고 했던 거예요.

이제 거란이 진짜 바라는 것을 알았으니 고려는 어떻게 말하면 좋을까요? "우리는 너희의 뒤를 공격하지 않을게. 이제부터 송 대신 거란과 사이좋게 지낼게"라고 약속하면 거란과의 전쟁을 피할 수 있겠지요?

서희는 여기서 한 걸음 더 나아갑니다. 서희는 이렇게 말해요. "우리도 너희랑 친하게 지내고 싶은데 문제가 하나 있어. 고려와 거란 사이에 여진족이 다스리는 땅이 있어서 너희를 만나러 가는 것이 힘들거든. 너희가 여진족을 몰아내고 우리가 그 땅을 가질 수 있도록 해 주면 거란의 왕에게 인사하러 갈게."

　서희가 말한 땅은 압록강 주변에 있는 강동 6주라는 곳이었는데요. 이 땅을 얻으면 옛 고구려의 땅을 되찾는 셈이었고 군사적으로도 고려에 큰 이득이었어요. 거란에게 땅을 빼앗길 뻔한 상황이었는데 오히려 땅을 갖게 해 달라고 요청하다니! 서희의 멋진 판단으로 상황이 완전히 뒤바뀌어 버린 거예요.

　소손녕은 서희의 제안을 당장 받아들입니다. 고려와 거란 두 나라가 서로 사이좋게 지내면 송과의 싸움에서 유리하잖아요. 드넓은 송을 정복하기 위해 자그마한 땅을 고려에게 선물로 주는 것은 거란으로서도 손해를 보는 일이 아니었지요.

　이처럼 협상이란 상대방도 만족시키고 나도 만족하는 결과를 만들기 위한 과정이에요. 내 것만 생각해서도 상대의 것만 생각해서도 안 됩니다. 다짜고짜 내가 원하는 것을 들이밀면서 떼를 써서도 안 되고, 협상 자리에 앉기도 전에 겁먹고 손을 놓아도 안 되지요. 양쪽 모두가

받아들일 만한 의견을 당당하게 제안할 수 있을 때 성공적인 협상이 이루어집니다.

서희의 담판을 한마디로 표현하면 '예술'이라고 할 수 있어요. 예술 작품을 보는 것처럼 아름답게 협상을 이끌었으니까요. 우리나라 외교부에서도 우리 외교를 빛낸 인물로 서희를 뽑기도 했답니다. 그만큼 서희의 외교 담판은 우리나라 외교 역사에서 명장면인 것이죠.

더 잘 패배하는 방법이 있다고요?

고려 전기에 빛나는 외교를 펼친 인물로 서희가 있다면 고려 후기에는 원종이 있습니다. 그런데 고려 후기의 상황은 거란이 침입했을 때보다도 훨씬 나빴어요. 이때 쳐들어온 적은 너무나 강력한 상대였거든요.

고려가 세워진 지 약 삼백 년이 지났을 때 전 세계 사람들에게 공포의 대상이었던 몽골의 군대가 고려에 침입합니다. 당시 몽골은 동아시아는 물론이고 동남아 일부와 중동, 서쪽으로는 러시아를 넘어 유럽까지 땅을 넓히는 중이었어요. 군사력 하나만으로 세계를 정복했던 셈이죠.

고려는 그렇게 강한 몽골의 침략에 무려 사십여 년을 버텨 냅니다. 일이 년도 아니고 자그마치 수십 년을 저항한 거죠. 고려가 이렇게 버틸 수 있었던 이유는 무엇이었을까요?

당시 고려에서는 무신들이 문벌을 몰아낸 뒤 권력을 장악하고 있었어요. 사실상 고려의 최고 지배자였던 최우는 몽골이 쳐들어오자 수도를 개경에서 강화도로 옮겨 버립니다.

몽골군은 강화도를 쉽사리 공격하지 못해요. 몽골군은 강력한 기마 부대를 가지고 있어 육지에서는 매우 강했지만 갯벌이나 바다에서는 힘을 쓰지 못했거든요. 바다를 경험한 적이 별로 없었으니까요.

또한 백성들도 자신의 마을과 가족을 지키기 위해 끝

까지 저항합니다. 몽골은 고려에 수차례 침입하지만 도무지 고려는 무너질 생각을 하지 않았어요. 몽골 군인이 "내가 세상을 돌아다니면서 여러 나라를 공격해 봤지만 이렇게 항복하지 않는 나라는 처음이다"라고 말한 기록이 있을 정도였지요.

하지만 사십여 년 가까이 전쟁을 치르다 보니 고려도 더 이상 버티기가 쉽지 않았어요. 전쟁을 어떻게 정신력만으로 이기겠어요. 정신력으로 버티기엔 상대가 너무나도 강했지요.

몽골 역시 오랜 전쟁으로 지친 상태였어요. 몽골은 고려에 강화 제안을 합니다. 강화는 나라 사이의 싸움을 그만두고 평화롭게 지내는 것을 말해요.

고려에서도 몽골의 강화 제안을 받아들이자는 목소리가 높아졌어요. 마침내 고려 조정은 몽골과의 강화를 결정합니다. 당시 고려의 왕이었던 고종은 나이가 너무 많아서 아들이 대신 몽골로 떠나 몽골과 강화하고 오기로 하는데요. 그가 바로 고종 다음으로 왕위에 오르는 원종입니다.

 그런데 그만 문제가 생겨요. 몽골로 가는 길에 몽골의 황제가 사망했다는 소식을 듣게 된 거예요. 만나야 할 사람이 죽었으니 이제 다음으로 황제가 될 사람에게 강화를 청해야 하겠지요?

 이때 몽골에서는 황제 자리를 둘러싸고 황제의 동생이었던 아리크부카와 쿠빌라이가 다투고 있었어요. 원종의 입장에서는 정말 고민이 되었을 거예요. 만약 어느 한쪽에 가서 강화를 청했다가 갑자기 다른 사람이 황제가 되어 버린다면 고려는 미움을 사게 될지도 모르는 일이니까요.

 원종은 고민 끝에 쿠빌라이를 찾아가기로 결심합니다. 원종을 만난 쿠빌라이는 그를 귀한 손님으로 대접해요. 그리고 원종이 자신을 찾아온 것이 바로 하늘의 뜻이라고 하면서 크게 기뻐했습니다. 고려가 자신을 선택했으니 쿠빌라이 자신의 정통성이 강해질 수 있다고 생각한 것이죠.

원종은 쿠빌라이를 만난 자리에서 강화 조건을 여섯 가지나 제안해요. 사실 고려는 몽골과의 전쟁에서 패한 것이나 마찬가지였는데 말이에요. 원래라면 항복과 다름없는 상황이어야 했지만 원종은 강화 조건을 당당하게 말합니다.

원종이 말한 조건 중 하나는 몽골이 고려를 지배하더라도 고려 사람들의 생활 방식과 문화를 완전히 고치지 않기로 약속해 달라는 것이었어요. 모든 권한을 빼앗아 가지 않고 우리가 살던 대로 살아갈 수 있는 자유를 어느 정도 보장해 달라는 뜻이었지요.

원종이 돌아간 뒤 정말 하늘의 뜻이었는지 쿠빌라이는 경쟁에서 승리해 몽골의 지배자가 됩니다. 쿠빌라이는 원종이 자신을 찾아와 줬다는 사실을 잊지 않았어요. 그래서 원종이 요구한 내용을 대부분 받아들입니다. 쿠빌라이를 찾아간 원종의 선택이 그야말로 신의 한 수가 된 거예요.

물론 고려가 몽골의 간섭을 완전히 피해 가지는 못했

어요. 몽골은 나중에 나라 이름을 원으로 바꾸는데요. 고려가 원의 간섭을 받았던 이 시기를 원 간섭기라고도 합니다.

고려는 원 간섭기 동안 원의 정치적 간섭과 수탈로 인해 힘든 시기를 보내야 했어요. 하지만 그래도 몽골의 지배를 받던 수많은 나라들과는 다른 대접을 받았습니다. 괴롭힘이 심해질 때 "쿠빌라이가 고려를 이렇게 다스리기로 약속했어!"라고 말할 수 있었거든요.

만약 원종이 그냥 모든 것을 포기하고 몽골에 아무런 요구도 하지 않은 채 항복했다면 고려만의 고유한 문화는 정말 사라졌을지도 몰라요.

그러나 원종은 위기의 상황에서 자신이 지켜야 하는 것, 얻어야 할 것을 빠르게 파악했습니다. 그리고 용기를 내서 고려를 지키는 협상을 할 수 있었어요. 원종의 협상 덕분에 고려는 없어지지 않고 독자적인 문화를 유지할 수 있었죠.

정확한 눈을 가지면
원하는 것을 얻을 수 있다

협상이란 이렇게 중요한 순간에만 쓰이는 어려운 기술은 아닙니다. 오히려 우리 일상에 꼭 필요한 기술이지요. 옆 반 친구와 스티커나 학용품을 교환할 때도, 부모님과 공부하는 시간을 정할 때도 우리는 협상을 하고 있는 거예요.

그렇다면 어떻게 해야 협상을 잘하는 사람이 될 수 있을까요? 대부분 훌륭한 말솜씨를 가진 사람이 협상을 잘한다고 생각하겠지만 사실은 그렇지 않습니다.

서희와 원종이 원하는 결과를 이끌어 낼 수 있었던 이유는 '정확한 눈'을 가졌기 때문이에요. 상대방의 마음과 생각을 읽어 내는 눈, 돌아가는 주변 상황을 파악하는 눈 말이에요. 그래야 상대방이 무엇을 원하는지 꿰뚫어 보고 서로 만족할 만한 좋은 제안을 찾아낼 수 있지요. 그것이 바로 협상의 지혜랍니다.

땅을 빼앗길 뻔한 상황에서 오히려 땅을 달라고 요청한 서희. 그리고 항복과 다름없는 상황 속에서도 고려를 지켜 낸 원종. 이 두 사람은 위기의 상황에서도 자신들의 선택이 역사에 기록될 것을 알고 있었어요. 그래서 미래의 후손들을 위해 용기를 내 멋진 협상을 했지요.

나중에 어떤 협상의 자리에 나가게 되더라도 서희와 원종의 정확한 눈과 그들의 용기를 떠올려 보면 좋겠습니다. 그러다 보면 결국 원하는 것을 얻게 되리라고 역사가 말해 주고 있으니까요.

고려 충렬왕의 성은 '충' 씨인가요?

실패를 두려워하지 말자

고려는 원종의 뛰어난 판단력과 외교적 협상력 덕분에 고려라는 나라 이름과 함께 고려의 풍속과 문화를 끝까지 지켜 낼 수 있었어요. 풍속이란 한 사회에 옛날부터 전해 오는 습관을 이르는 말입니다. 그렇지만 고려는 몽골과의 오랜 전쟁으로 너무나 힘든 시기를 보내야만 했어요.

앞에서 고려를 다스리던 무신 정권이 몽골과 싸우기

위해 강화도로 수도를 옮겼다고 했지요? 지배층은 전쟁을 치르면서도 강화도에 궁궐을 짓고 계속해서 호화로운 삶을 살아갔어요. 하지만 강화도에 들어가지 못하고 남아 있던 백성들은 어떻게 되었을까요?

고려 정부가 외면한 백성은 무방비로 몽골군의 말발굽 아래 놓이게 되었어요. 그리고 몽골의 침입으로 귀중한 문화유산도 많이 파괴됩니다.

선덕 여왕 때 만들어진, 신라의 꿈을 상징하는 건축물인 황룡사 9층 목탑도 몽골의 침입으로 불타고 말았어요. 원래 몽골군이 지나가는 곳에는 남아나는 것이 없거든요.

이런 커다란 건축물 하나가 불탈 때 백성들의 집은 수백 채가 불탔을 거예요. 또 수많은 백성들이 죽거나 포로로 끌려갔지요.

살아남은 백성들은 몽골군을 피해 산성이나 섬으로 들어갔어요. 그리고 질병과 굶주림에 시달리며 정말 어려운 생활을 합니다.

고려가 몽골과 강화를 하면서 고려 정부는 다시 개경으로 돌아와요. 그리고 전쟁도 막을 내립니다. 이제 전쟁도 끝났으니 백성들은 조금이라도 나은 생활을 할 수 있었을까요? 안타깝게도 그렇지 않았어요. 고려는 원 간섭기라는 또 다른 시련을 맞게 됩니다.

몽골이 고려를 간섭했다고요?

몽골이 고려를 항복하게 만드는 데는 무려 사십 년이 걸렸어요. 고려가 워낙 끈질기게 잘 버텼기 때문에 몽골도 고려를 함부로 할 수는 없었죠.

고려는 몽골의 침입을 받고도 사라지지 않은 특별한 나라로 남게 되었어요. 심지어 몽골은 고려의 풍속도 그대로 유지하게 해 줍니다. 이것만 해도 굉장히 특별 대우를 받은 셈이지요. 그런데 사실 고려가 몽골에 항복한 것과 다름없는 상황이잖아요. 그러니 몽골이 세운 원의 간섭을 받아야만 했습니다.

  항복한 뒤 고려는 영토의 일부를 원에 떼어 줘요. 그리고 원은 고려에게서 빼앗은 땅을 자신들의 입맛대로 다스립니다. 빼앗은 땅에는 제주도도 있었어요. 원은 제주도에 탐라총관부라는 관청을 세워요. 말 키우기가 좋았기 때문이죠. 지금도 제주도에 가면 말을 키우는 목장이 많이 있죠? 물론 옛날부터 제주도에서는 말을 길렀어요. 하지만 지금처럼 말의 숫자가 늘어난 것은 원의 간섭을 받은 뒤부터예요.

  이때 고려 왕은 반드시 원 황제의 공주와 결혼해야 했어요. 지금 우리 생각으로는 기분 나쁜 일이지만 당시 상황을 생각하면 썩 나쁘지 않은 일이었어요. 엄청나게 크고 강한 나라인 원 황제의 사위가 되는 거니까요.

  그리고 왕의 이름에는 원에 충성한다는 뜻으로 '충' 자를 넣어야 했습니다. 그래서 당시 왕의 이름을 보면 다 '충'이 들어가 있어요. 충렬왕, 충선왕처럼 말이에요. 고려 입장에서는 굉장히 자존심 상하는 일이었지요.

이뿐만이 아니에요. 고려는 원에 수많은 특산물을 바쳐야 했어요. 거기에 더해 원은 고려에게 공녀를 바치라고 요구합니다.

공녀는 나라와 나라 사이에 바쳐지는 여성을 뜻해요. 고려는 딸 사랑이 엄청난 나라였어요. 가정에서 여성의 지위도 높았고요. 그런데 딸을 공녀로 바친다니 말도 안 되는 이야기죠. 그래서 고려에서는 딸이 공녀로 끌려가지 않도록 일찍 결혼하는 문화가 유행하기도 했어요.

원의 간섭 때문에 결혼 문화가 바뀐 것처럼 원은 고려 문화에 많은 영향을 줍니다. 이때 고려에 들어온 원의 문화를 몽골풍이라고 불러요. 몽골 사람들의 머리 스타일인 변발이나 몽골 옷인 호복이 들어왔죠.

이렇게 고려에 원의 입김이 쉴 틈 없이 불고 있는 상황입니다. 이런 상황에서 고려를 먼저 생각하기보다 원에 빌붙어 자신들의 욕심을 채우려는 사람들이 나타나기 시작해요. 바로 권문세족입니다.

권문세족은 원의 힘을 업고 엄청난 권력을 누려요. 특

히 백성들에게서 땅을 어마어마하게 빼앗아 가지요. 당시에는 모든 땅이 권문세족 것이라서 백성들은 송곳 꽂을 땅조차 없다는 말이 있었을 정도예요.

땅을 많이 갖고 있으면 농사지을 일꾼도 많이 필요하겠죠? 권문세족은 먹고살기 어려운 농민들의 땅을 빼앗고 농민들을 자신의 노비로 만듭니다.

이런 시간은 거의 백 년 동안 계속돼요. 고려가 백 년 가까이 원의 간섭을 받았거든요. 사십여 년 동안 전쟁을 겪고 다시 오랜 시간 원의 간섭을 받으면서 고려 사람들의 생활은 너무나 힘들어집니다.

하지만 영원히 사는 사람은 없듯이 영원히 강한 나라도 없어요. 전 세계를 호령하던 몽골도 시간이 지나면서 점점 약해집니다. 그리고 때맞춰 고려에서도 원의 간섭에 저항하는 왕이 등장해요. 바로 공민왕입니다. 왕의 이름에 '충' 자가 들어가지 않은 것만 보더라도 공민왕이 이전의 왕과 다르다는 사실을 알 수 있어요.

공민왕이 다스리는 고려는 어떻게 바뀌었나요?

원이 고려를 간섭하던 시기에 고려의 왕이 될 왕자들은 어릴 때부터 원에 가서 살아야 했어요. 고려가 혹시라도 다른 마음을 먹지 못하도록 왕자들을 잡아 두기 위해서였죠. 공민왕도 왕이 되기 전 약 십 년 동안 원에서 생활했어요. 당연히 원 황제의 공주와 결혼했고요. 그러니 사실 공민왕은 원과 가까운 관계를 이어 가는 것이 훨씬 편했을 거예요.

하지만 공민왕은 왕이 되자마자 원의 간섭을 벗어나려 노력합니다. 그는 여러 가지 개혁을 통해 고려를 원래 모습으로 돌려놓으려 했어요. 우선 변발이나 호복 같은 원의 풍속을 금지해요. 그리고 원이 빼앗아 간 영토를 하나씩 되찾아 옵니다.

그리고 고려를 뿌리부터 개혁하기 위해서는 무엇보다 원에 빌붙어 각종 부정부패를 저지르던 권문세족의 힘을 약화시켜야만 했어요. 당시에는 기철이라는 인물이 대표적인 친원 세력이었는데요. 그는 원의 황후인 기황후의 오빠였어요.

앞에서 고려가 원에 공녀를 바쳤다고 했죠? 기황후는 공녀로 끌려갔다가 원 황제의 눈에 들어 황후까지 된 여성이에요. 기철은 자신의 누이를 등에 업고 권력을 함부로 휘둘렀어요.

당시 원 황후의 오빠를 제거한다는 것은 자칫하면 원과의 전쟁까지 각오해야 하는 일이었어요. 그렇지만 공민왕은 굽히지 않고 기철을 제거합니다. 원이 많이 약해진 상황이라서 고려를 쉽게 공격하지 못할 것이라는 생각도 했을 거예요.

공민왕은 기철 등을 제거한 뒤 전민변정도감이라는 개혁 기관을 만듭니다. 권문세족이 빼앗은 땅을 백성들에게 나눠 주고 노비가 되었던 백성들을 다시 원래 신분으로 돌려놓기 위해 만든 기관이었죠.

　전민변정도감은 광종의 노비안검법과 비슷해요. 광종도 억울하게 노비가 된 사람들을 노비 신분에서 벗어나게 해 주면서 호족을 약하게 만들었잖아요. 전민변정도감도 권문세족이 불법으로 가져간 땅과 노비를 원래 자리로 돌려놓는 역할을 했어요. 다시 권문세족이 힘을 얻지 못하도록 말이죠.

　공민왕은 개혁을 함께할 신하를 길러 내기 위해 원에서 유행하던 새로운 학문인 성리학을 적극적으로 받아들여요. 시간이 지나자 성리학을 공부한 학생들이 하나둘 과거 시험을 치르며 관리가 되었습니다.

　공민왕은 신진 사대부를 자신의 개혁에 참여시킵니다. 원래 있던 신하들은 아무래도 권문세족과 같은 편인 경우가 많았으니까요. 공민왕의 개혁 과정에서 이 신진 사대부들은 크게 성장하게 됩니다.

실패로 돌아간 공민왕의 개혁

권문세족은 이런 공민왕의 개혁을 강하게 반대했어요. 기철 등 친원 세력을 제거했지만 여전히 권문세족은 막강한 힘을 가지고 있었지요. 공민왕이 강하게 개혁을 밀어붙일수록 권문세족의 반발도 거세졌어요.

엎친 데 덮친 격으로 나라 밖에서도 위기가 찾아옵니다. 남쪽에서는 왜구가, 북쪽에서는 홍건적이 쳐들어온 거예요. 홍건적은 중국에서 일어난 반란군이에요. 반란을 진압하려던 원에게 쫓겨 고려로 들어온 것이지요.

홍건적과 왜구는 고려에 큰 피해를 입혀요. 홍건적은 잠시나마 고려의 수도인 개경을 점령하기까지 했죠. 공민왕은 나라 안에서는 권문세족의 반발을, 나라 밖에서는 홍건적과 왜구의 침입을 막아 내야 했어요.

세상을 바꾸기는 정말 힘들어요. 안팎에서 어려움을 겪던 공민왕의 개혁은 결국 실패로 끝나게 됩니다. 아직은 공민왕과 신진 사대부의 힘이 권문세족을 누를 만큼 강하지 않았으니까요.

공민왕이 죽고 난 뒤 고려는 다시 원래대로 돌아가는 듯했어요. 권문세족들이 다시 원의 힘을 빌려 권력을 잡았거든요. 공민왕의 개혁은 완전히 실패로 돌아간 것처럼 보였죠.

하지만 공민왕의 개혁이 그냥 허무하게 실패로만 끝난 것은 아니에요. 공민왕이 뿌린 개혁의 씨앗은 그대로 살아남습니다. 이 씨앗이 바로 신진 사대부였어요. 신진 사대부는 나중에 권문세족을 몰아내고 조선이라는 새로운 나라를 세우는 주인공이 됩니다.

실패에서 배울 수 있다

갓 태어난 아기는 일 년쯤 지나면 걷기 시작해요. 그런데 그렇게 아장아장 걷기까지 아기는 무려 이천 번을 넘어진다고 합니다. 그러니 우리는 어릴 때부터 수없이

많은 실패를 겪으면서 성장한 셈이에요.

실패는 자연스럽고 당연한 일이에요. 실패를 나쁜 것이라고 생각하는 순간 우리는 어떤 것에도 도전할 수 없습니다. 그리고 도전하지 않으면 배울 수 없고요.

역사에는 실패한 사람, 실패한 도전이 참 많이 나와요. 하지만 처음에는 실패처럼 보여도 시간이 지나면 생각지 못한 때에 열매를 맺는 경우가 있습니다.

역사를 살펴보면 의미 있는 도전은 결국 열매를 맺게 돼요. 공민왕이 심었던 작은 씨앗인 신진 사대부도 나중에는 커다란 나무가 되어 조선을 세우잖아요. 우리는 실패를 두려워할 필요가 없어요. 오히려 우리 도전이 얼마나 의미 있는 일인지 끊임없이 생각해야 합니다.

많은 사람들은 자연스레 성공한 사람에게 눈길을 돌려요. 하지만 우리는 그렇게 하지 않았으면 좋겠어요. 실패에서도 배울 점이 참 많으니까요. 무엇인가에 도전하고 멋지게 실패한 사람들의 삶을 들여다보면서 우리는 꿈에 도전할 용기를 얻을 수 있습니다. 그리고 두려워하지 않고 도전할 때 우리는 어느새 꿈에 한 걸음 다가가 있을 거예요.

서희는 얼마나 예쁜가요?

여성에 대한 편견

역사를 공부하다 보면 수많은 인물과 복잡한 사건, 비슷비슷한 이름의 단체 때문에 헷갈리는 경우가 많아요. 때로는 이해가 잘 되지 않아 질문을 던지기도 합니다. 선생님도 정말 많은 질문을 받는데요. 질문 중에는 "서희는 얼마나 예쁜가요?" 같은 엉뚱한 질문도 있습니다.

여러분은 서희를 기억하고 있죠? 서희는 거란이 침입했을 때 외교 담판으로 거란을 물리치고 강동 6주를 획

득한 인물이에요.

서희는 남자입니다. 고려 시대에는 여성의 사회 진출이 쉽지 않았지요. 그런데 서희라는 이름 때문에 오해가 생겼나 봐요. 요즘은 '희' 자가 들어가는 이름이 보통 여성의 이름이니까요. 아직도 이 질문을 생각하면 정말 재미있기도 하면서 한편으로는 안타깝기도 해요.

역사에 등장하는 여성 인물들을 소개할 때면 종종 "예뻤나요?"라는 질문이 들어와요. 신사임당, 허난설헌처럼 우리에게 잘 알려진 인물도 이 질문만큼은 피해 갈 수 없더라고요. 반면 역사 속 남성 인물들을 이야기할 때는 "잘생겼나요?" 같은 외모와 관련된 질문이 거의 나오지 않아요.

아무래도 역사 속에 여성 인물들이 잘 등장하지 않기 때문에 이러한 편견이 생기지 않았나 싶습니다. 하지만 역사에 이름을 남긴 여성 인물들은 그저 외모로만 평가받을 분들이 아니에요.

전통 시대에는 여성의 사회 참여가 어려웠어요. 당연

히 남성 위주로 역사가 기록되었죠. 그런데도 역사에 이름을 남긴 여성 인물들은 뛰어난 재주와 능력을 가지고 있었기에 역사에 남을 수 있었어요.

역사 속 여성 인물들은 어떤 사람이었나요?

역사에는 여성 인물에 대한 기록이 많지 않아요. 앞서 말했듯 남성 위주로 역사가 기록되었으니까요. 그리고 가끔 등장하는 여성 인물도 역사에 기록되는 과정에서 차별을 받기도 해요.

교과서에서는 특정 시기를 설명할 때 왕을 중심으로 이야기하는 경우가 많아요. 예를 들면 "신라 지증왕이 이사부를 보내 우산국을 정복했다." 같은 방식으로요. 하지만 신라의 선덕 여왕이 다스렸던 시기에는 선덕 여왕의 역할이 많이 등장하지 않아요. 그냥 "김춘추가 당으로 가서 동맹을 제안했다"라고 기록되었죠. 김춘추를 보낸 왕은 분명 선덕 여왕인데 말이에요.

이렇게 역사에서는 여성의 역할이 종종 지워지곤 해요. 또 실제보다 그 역할이 축소되는 경우도 있고요. 이런 편견에 둘러싸인 인물이 한 명 있습니다. 바로 신사임당이에요.

요즘은 신사임당 하면 다들 오만 원짜리 지폐를 먼저 떠올리더라고요. 하지만 오만 원 지폐에 신사임당이 들어가기 전에는 신사임당 하면 현모양처를 떠올렸어요. 현모양처는 '좋은 어머니이면서 착한 아내'라는 뜻이에요. 나쁜 뜻은 아니지만 신사임당의 장점을 '어머니'와 '아내'라는 역할에 가두는 단어이기도 해요.

우리가 알고 있는 신사임당은 율곡 이이의 어머니면서 그림을 정말 잘 그렸다는 정도예요. 오만 원 지폐 뒷면을 한번 보세요. 신사임당이 그린 초충도가 남아 있어요. 풀과 곤충이 함께 있는 그림이지요.

그런데 신사임당은 원래 드넓은 자연, 특히 산과 물을

주로 그리는 산수화의 달인이었다고 해요. 신사임당의 그림을 직접 본 남성들도 칭찬해 마지않을 정도였어요. 아들이었던 율곡 이이는 신사임당의 작품을 보고 "산수화를 아주 절묘하게 그렸으며 포도 그림은 세상에 흉내 낼 수 있는 사람이 없다"라고 말했어요.

아들이라서 어머니의 작품을 좋게 평가했는지는 모르겠지만 얼마나 그림이 아름다웠으면 세상에서 그만큼 그릴 수 있는 사람이 없다고 했을까요? 신사임당은 그림뿐만 아니라 글솜씨도 아주 좋았다고 해요.

하지만 조선 후기에 율곡 이이가 많은 선비들의 존경을 한몸에 받게 되고 남성 중심의 가부장적 질서가 더욱 강해지면서 신사임당에 대한 평가는 점점 달라집니다.

조선 후기 양반들은 산수화가 단지 자연의 경치를 담은 그림이 아니라 자연에 대한 선비들의 생각이 반영된 그림이라고 여겼기 때문에 신사임당 같은 여성한테는 어울리지 않는다고 생각했어요. 그래도 신사임당이 그림을 잘 그린다는 사실은 부정할 수 없었나 봐요. 자그

마한 곤충이나 식물을 그린 작품인 초충도만큼은 훌륭하다고 인정했어요. 그렇게 신사임당의 산수화는 거의 다 사라지고 초충도만 남은 거죠.

시간이 지나며 신사임당은 화가나 글 쓰는 사람이 아닌 율곡 이이라는 학자를 길러 낸 어머니로 남게 됩니다. 신사임당은 지금까지도 집에서 남편을 잘 내조하고 자녀를 훌륭하게 교육한 현모양처로 기억되고 있어요.

여성을 차별하는 인식은 옛날부터 이어져 온 건가요?

우리도 모르는 사이에 우리 생각을 만들어가는 정신적 유산들이 있어요. 이 유산들을 우리는 보통 '전통'이라고 부르면서 긍정적으로 여기죠. 하지만 이런 전통도 의심해 보아야 합니다.

전통 시대에는 여성의 지위가 아주 낮았다고 알려져

있어요. 여성은 시집을 가면 열심히 집안일만 해야 했어요. 심지어 남편이 죽으면 따라 죽는 아내를 '열녀'라고 부르며 칭찬하기도 했습니다. 이렇듯 여성의 권리와 인권이 무시되었던 사회였지요.

그렇다면 이렇게 여성을 그저 남성에 종속된 존재로 여기고 차별을 당연하게 여기는 문화가 정말로 옛날부터 이어져 온 자연스러운 전통일까요?

사실 이러한 모습은 조선 후기에나 본격적으로 나타납니다. 조선 전기까지만 해도 장가를 가는 것이 일반적이었어요. 즉 결혼 후에 여자 쪽 집에서 생활하는 거죠.

신사임당만 해도 결혼 후에 자신의 집에서 아이를 키웠어요. 그래서 율곡 이이는 어머니인 신사임당의 고향 강릉에서 태어났죠. 그런데 조선 후기에 접어들면 가부장적 질서가 강화되면서 여성의 지위도 더욱 낮아지게 됩니다.

그러면 고려 시대에 여성의 지위는 어땠나요?

물론 고려 시대에도 여성의 사회 진출은 어려웠어요. 하지만 고려 시대에는 가정에서만큼은 남성과 여성의 지위가 거의 동등했습니다.

우선 아들과 딸을 구분하지 않고 태어난 순서대로 호적에 기록했어요. 결혼한 뒤에도 딸이 부모님을 모시기도 했고 부모님의 제사도 딸과 아들이 돌아가면서 지냈지요. 지금도 엄격하게 전통을 따지는 집은 남자만 제사를 지내기도 하는데 말이에요.

경제적인 면에서도 마찬가지였어요. 부모님이 돌아가시면 아들과 딸을 구분하지 않고 재산이 똑같이 나눠졌어요. 결혼하더라도 남성와 여성 모두 각자의 재산을 유지했고요.

고려에서는 과부, 그러니까 남편을 잃은 여성이 다시 결혼하는 것이 문제라고 생각하지도 않았어요. 그래서 여성도 별 문제 없이 재혼할 수 있었죠. 재혼한 여성의 자식이 차별을 받는 일도 없었고요.

또 이런 일도 있었어요. 고려 충렬왕 때 이야기예요. 고려에 박유라는 관리가 있었습니다. 이때 고려는 몽골과 오랜 전쟁을 치르고 난 뒤였어요. 전쟁 중에 남자들이 많이 죽어 남자의 수가 여자의 수보다 적은 상황이었습니다. 박유는 여기에 대한 해결책으로 '첩'을 두자고 제안했어요. 남자 한 명이 여자 여러 명과 결혼해서 인구를 늘리자는 거였지요.

이 말을 들은 고려 시대 여성들은 가만히 있지 않았어요. 어느 날 박유가 왕과 함께 잔치에 참석했는데 박유를 발견한 어떤 할머니가 손가락질하며 외쳤어요. "아내를 여럿 두자고 한 사람이 저 늙은이다!"

그때부터 주변에 있던 모든 여성이 박유를 꾸짖기 시작했어요. 정말 무서웠겠지요? 잔치 자리였으니 주변에 있던 관리들도 그 모습을 봤을 거예요. 결국 관리들도 집에 있는 아내가 두려워서 첩을 두자는 박유의 제안을

거부하게 되었어요.

  이런 일이 있었던 것을 보면 고려는 여성이 어느 정도 자신의 목소리를 낼 수 있는 나라였던 것 같아요. 하지만 조선 시대로 넘어가면서 상황이 달라집니다.

  조선 성종 때는 과부의 재혼을 막는 법이 만들어져요. 정확히는 재혼해서 낳은 아들은 조선에서 문과 시험을 치를 수 없도록 하는 법이죠.

  관리가 되기 위해서는 과거 시험에 합격해야 하잖아요. 그런데 시험을 치를 기회 자체를 막아 버리니 결국 '여성 재혼 금지'나 마찬가지였어요. 반대로 남자들은 얼마든지 다시 재혼할 수 있었어요. 아내 말고도 여러 명의 첩을 집에 들일 수도 있었고요.

  나중에는 이런 일도 있었어요. 병자호란 때 많은 조선인들이 청에 끌려갔는데요. 남아 있던 조선 사람들은 청에 포로로 끌려갔다 돌아온 여성들을 '환향녀'라고 부르며 손가락질했어요.

  그리고 남편이었던 사람들은 '포로로 끌려갔던 아내

와 이혼하게 해 달라'라는 청원을 올립니다. 아내가 그곳에서 다른 남편을 만들었을지도 모르는 일이라고요. 정말 남편들의 생각이 뻔뻔하지 않나요? 억지로 청에 잡혀가 온갖 고생을 하고 돌아온 부인에게 그런 대접을 하다니요.

여성의 재혼을 허용하자는 주장은 조선 말기 동학 농민 운동 때 다시 등장해요. 그리고 동학 농민 운동 이후 실시된 갑오개혁에서 여성의 재혼을 금지하는 법이 폐지됩니다. 물론 재혼이 사회에서 당연하게 받아들여지기까지는 더 오랜 시간이 걸렸지만요.

우리는 역사가 늘 모든 면에서 발전한다고 생각하기 쉬워요. 그래서 여성 차별을 비롯한 온갖 차별도 시간의 흐름에 따라 점차 없어진다고 생각하곤 하죠. 하지만 오히려 고려보다 나중에 세워진 조선에서 여성을 훨씬 차별한 것처럼 역사에서는 전혀 발전하지 못한 면도 있어요. 우리가 역사에 관심을 가지고 알아 갈 때 이런 문제들을 발견할 수 있습니다.

역사는 우리가 균형 잡힌 생각을 할 수 있도록 돕는다

'편견'이라는 말을 들어 보았을 거예요. 편견은 공정하지 못하고 한쪽으로 기울어진 마음을 말합니다. 사람은 자신의 입장에서 생각하기 마련이라서 편견을 갖기가 쉽죠.

그런데 사람들은 편견을 갖는 것도 모자라서 "우린 늘 그렇게 살아왔어." 같은 말로 편견을 정당화하고 좀 더 나은 세상을 만들려는 사람들의 노력을 유난스러운 것으로 만들어요.

하지만 역사는 사회를 발전시키려는 사람들의 다양한 노력이 자연스러운 현상이라는 사실을 알려 줍니다. 역사를 살펴보아도 차별과 편견은 결코 당연하지 않거든요. 그 당시에도 사회의 문제를 인식하고 해결하려 했던 사람들, 차별과 편견을 이겨 내고 나은 세상을 만들고자 했던 사람들이 있었어요.

여러분도 역사를 공부하다 보면 하루아침에 생겨난 문제는 별로 없다는 것을 알게 될 거예요. 받아들이기 어렵고 낯선 변화도 알고 보면 역사에서 뿌리를 찾을 수 있습니다. 그렇게 하나하나 뿌리를 찾아가다 보면 좀 더 폭넓게 사회 문제를 이해하고 균형 잡힌 생각을 할 수 있게 되죠. 그러면서 우리도 성장하고 우리가 사는 사회도 한 발자국 나아갈 수 있는 것 아닐까요?

역사는 왜 이렇게 암기할 것이 많은가요?

역사를 공부하는 방법

처음으로 어떤 지식을 얻었던 때를 기억하나요? 걷는 법이나 말하는 법 말고 진짜 머리를 써서 얻은 지식 말이에요. 아마 대부분은 학교에서 수업을 받던 때를 떠올릴 거예요. 그러면 시험을 보느라 힘들었던 기억도 같이 떠오르겠죠. 이렇게 보면 우리는 정말 재미있어서 공부한 적이 많지 않은 것 같습니다.

그중에서도 역사는 특히 재미없어하는 학생이 많아요.

실제로 별 도움이 되지 않을 것 같은데 외울 것은 정말 많거든요.

기원전 2333년에 건국된 고조선에서 비파형 동검을 사용했든, 미사일을 사용했든 지금의 우리와 무슨 상관이 있느냐고 생각할 수도 있지요. 그래서 시간이 지날수록 역사는 인기 없는 과목이 되어 가고 있어요.

우리는 공부할 때 정리된 딱 한 줄의 문장으로 역사 속 사건을 만나는 일이 많습니다. '1170년 무신 정변', '1592년 임진왜란', '1919년 3·1 운동'처럼 말이에요. 사건의 이름과 일어난 연도를 외우기만 하면 나중에 기억도 잘 나지 않아요. 그러면 역사를 공부하는 것이 의미 없고 지루한 일처럼 느껴집니다.

그러면 대체 왜 우리한테 역사가 필요할까요? 세상의 많은 나라들은 대부분 옛날부터 자신들의 이야기를 기록한 역사책을 만들었습니다. 그들은 지금의 우리와는 전혀 다르게 생각했어요. 역사를 공부하면 얻을 것이 많다고 생각한 거죠.

    과거 우리 역사에 존재했던 나라들도 마찬가지였어요. 고구려와 백제, 신라 모두 자신들의 역사를 기록했어요. 아쉽게도 지금은 남아 있지 않지만요.

    우리나라에 남아 있는 가장 오래된 역사책은 고려 시대에 만들어진 것이에요. 바로 《삼국사기》입니다. 삼국사기가 편찬되고 약 백삼십 년 뒤에는 《삼국유사》가 지어졌죠.

두 책은 삼국 시대에 있었던 일을 기록하고 있어요. 《삼국사기》는 왕의 명령에 따라 김부식을 중심으로 유학자들이 지은 책입니다. 반면 《삼국유사》는 승려였던 일연이 만들었지요. 이 두 권의 책을 비교하면 역사가 왜 필요한지, 우리가 왜 역사를 공부하는지 알게 될지도 몰라요.

같은 시대를 설명하는 역사책이 두 권이나 필요한 이유가 있나요?

《삼국사기》는 왕의 명령에 따라 만들어진 역사책이에요. 그러다 보니 믿기 어렵거나 사실 확인이 제대로 되지 않은 이야기는 거의 실지 않았어요. 나라에서 만드는 역사책에 아무 이야기나 담을 수 없었으니까요.

하지만 삼국에 있었던 왕과 신하들의 이야기와 삼국의 발전과 멸망 과정을 담았기 때문에 이를 통해 어떤 점은 잘했는지 어떤 점은 잘못되었는지 교훈을 얻을 수 있어요.

우리가 잘 알고 있는 단군의 고조선 건국 이야기는 《삼국사기》에 들어가 있지 않습니다. 신이 하늘에서 내려오고 동물이 인간이 된다는 내용이다 보니 허무맹랑하고 쓸데없는 이야기라고 생각했겠죠.

요즘처럼 빠르게 변하는 세상에서 '쓸데없다'라는 말은 정말 큰 단점이에요. 요즘은 어떤 물건에서든 쓸모를 찾아내야 하니까요. 돈 버는 데 도움이 되지 않으면 죄다 쓸데없는 것이 되어 버려요. 아마 여러분도 누군가에게 "쓸데없는 일 좀 하지 마!" 같은 말을 들어 본 적이 있을 거예요. 그래서 《삼국사기》는 '쓸데없는' 이야기를 다 빼고 확실한 이야기만 담았습니다.

반면 《삼국유사》는 《삼국사기》가 쓸데없다고 버린 기록들을 찾아서 모은 책이에요. 《삼국유사》에서 '유사'라는 말이 '버려진 것들을 모은 역사'라는 뜻이랍니다.

《삼국유사》를 기록한 일연 스님은 이 책을 쓰기 위해

정말 오랜 시간 자료를 모았다고 해요. 사람들 사이에 전해져 내려오는 신화와 전설, 백성들의 이야기를 모아 다시 정리해서 책에 넣었습니다. 그래서 역사 속에 숨겨져 있던 뒷이야기들이 많이 나오지요.

《삼국유사》는 참 재미있어요. 재미도 없는 이야기가 사람들 사이에 계속 전해질 리는 없으니까요. 그리고 이런 이야기들도 옛날에 살았던 사람들의 삶을 보여 준다는 의미에서 분명히 역사라고 할 수 있습니다.

《삼국유사》에 어떤 재미있는 이야기가 실려 있는데요?

그리스 로마 신화를 알고 있나요? 아마 책으로든 영상으로든 본 적이 있을 거예요. 본 적은 없지만 들어는 보았을 수도 있고요. 그리스 로마 신화에는 많은 사람들이 잘 아는 유명한 신이 참 많습니다. 제우스나 헤라, 포

세이돈 같은 이름을 어디선가 들어 본 친구들이 꽤 많을 거예요. 그런데 우리나라 역사인데도 《삼국유사》의 이야기에 나오는 인물을 잘 아는 사람은 거의 없어요. 그리스 로마 신화는 우리나라에서 사람들이 다 아는 상식이 되었는데 말이죠.

그리스 로마 신화에는 황금 손을 가진 사람의 이야기가 나와요. 손이 황금으로 된 것은 아니고 이 사람의 손에 닿는 모든 것이 황금으로 변했다고 해요. 그 주인공이 바로 미다스 왕입니다. 그래서 우리나라에서도 하는 일마다 성공하는 사람을 '미다스의 손'이라고 부르는 일이 종종 있어요.

그런데 이 미다스 왕은 황금 손으로만 유명한 것이 아니에요. 당나귀처럼 긴 귀로도 유명했습니다. 신의 저주를 받아서 귀가 길어졌다고 해요.

그런데 긴 귀를 가졌다는 사실이 들통나면 너무 창피하잖아요. 미다스는 당나귀 귀를 왕관 속에 감추고 지냈어요. 하지만 머리를 자를 때만큼은 왕관을 벗어야 했지요. 그래서 그의 머리를 잘라 주는 이발사는 왕의 비밀을 알고 있었습니다. 미다스는 이발사에게 이 사실을 누구에게도 알리지 말라고 신신당부했어요.

이발사는 왕의 비밀을 감히 누군가에게 말할 수는 없었어요. 혼자만 비밀을 알고 있던 이발사는 너무 답답해서 죽을 지경이 되었지요. 그래서 그는 갈대숲에 구덩이를 파고 그 안에다 외쳤습니다. "임금님 귀는 당나귀 귀!" 하고요. 얼마나 속이 시원했을까요?

그런데 그 뒤로 바람이 불 때마다 갈대숲에서 "임금님 귀는 당나귀 귀!" 하는 소리가 들려왔어요. 그리고 그 소리가 바람결을 타고 퍼져 결국 사람들은 미다스 왕의 비밀을 다 알게 되었다고 해요.

놀랍게도 비슷한 이야기가 《삼국유사》에도 실려 있어요. 다만 당나귀 귀를 가진 사람이 신라의 경문왕으로 바뀌었을 뿐이죠. 경문왕은 왕관이 아닌 두건으로 귀를 가렸대요. 그래서 두건을 만드는 기술자가 왕의 비밀을 알게 됩니다. 그 역시 대나무숲에 소리를 쳐요. 똑같이

"임금님 귀는 당나귀 귀!"라고요. 그리고 바람이 불 때마다 소리가 퍼져서 다들 임금님의 비밀을 알게 되었다는 결말까지 소름 돋게 똑같습니다.

이렇게 《삼국유사》에도 그리스 로마 신화 못지않게 흥미진진한 이야기가 많아요. 하지만 우리는 교과서나 시험공부로만 《삼국유사》를 만나기 때문에 재미를 느끼지 못하죠. 이야기로 재미있게 역사를 만날 수 있다면 훨씬 기억에도 오래 남고 의미도 있을 텐데 말이에요.

재미있는 것은 무슨 쓸모가 있나요?

《삼국유사》에는 경문왕 이야기 말고도 수많은 이야기가 실려 있어요. 여기서는 그중 연오랑과 세오녀 이야기를 해 보겠습니다.

신라 시대 동해 바닷가에 연오랑과 세오녀라는 평범

한 부부가 살고 있었어요. 어느 날 연오랑이 바닷가에서 해초를 따다가 바위 위에 올라갔는데 갑자기 바위가 움직이더니 일본으로 가 버렸습니다.

일본 사람들이 보기에는 바위를 타고 바다를 가르며 등장한 연오랑이 신처럼 보이지 않았겠어요? 그래서 일본 사람들은 연오랑을 떠받들어 왕으로 모십니다.

하지만 연오랑이 어디 갔는지 전혀 알지 못하는 세오녀는 계속 남편을 찾아 헤맸어요. 그러다 커다란 바위 옆에 있는 연오랑의 신발을 발견합니다. 세오녀도 바위에 올라갔지요. 그러니까 바위가 또다시 세오녀를 싣고 일본으로 가요. 세오녀는 그곳에서 연오랑을 만나 일본의 왕비가 됩니다.

연오랑과 세오녀가 떠난 뒤 신라에서는 이상한 일이 벌어져요. 해와 달이 뜨지 않는 거예요. 이때 점을 보는 관리가 말합니다. 해와 달의 기운이 일본으로 가서 그렇다고요. 연오랑과 세오녀가 일본으로 가 버리는 바람에 해와 달이 없어졌던 거지요. 아무래도 둘은 보통 사람이 아니었나 봐요.

   그 말을 들은 왕은 일본으로 사람을 보내 둘을 데려오려고 합니다. 하지만 연오랑과 세오녀는 이제 일본의 왕과 왕비잖아요. 돌아갈 수가 없지요.

   대신 세오녀는 자신이 직접 짠 비단을 주면서 "이것으로 제사를 지내면 해와 달이 다시 뜰 것이다"라고 말

했어요. 그 제사를 지낸 곳이 지금의 경상북도 포항에 있었다고 해요.

그래서 포항에 가면 연오랑과 세오녀 이야기를 바탕으로 공원과 전시관을 만들어 놓았어요. 거기서는 이야기를 애니메이션으로 만들어서 보여 주고, 이야기의 역사적 배경도 친절하게 알려 줍니다.

다른 공원과 달리 이곳에 오면 공원에 깃든 역사 속 이야기를 알 수 있어요. 역사가 사람들에게 특별한 경험

까지 선물해 주는 거예요.

사람들은 여유가 생기면 일상에서 벗어나 새로운 곳으로 여행을 떠나고 싶어하는 경우가 많아요. 그리고 여행을 하다 보면 여행지만의 특별한 이야기를 발견하는 즐거움을 얻을 수 있죠. 그런 특별한 이야기를 만들어 주는 것이 바로 역사라고 생각합니다.

연오랑과 세오녀를 이용해 특별한 공원을 만든 것처럼 자신만의 이야기를 만들어 가기 위해서는 역사가 필요해요. 외국의 유명한 여행지 중에도 역사를 적극적으로 활용하는 곳이 많아요. 앞으로 그런 장소는 훨씬 더 많아질 거고요.

《삼국유사》는 쓸데없는 이야기를 모은 책이 아니에요. 지금도 지역 곳곳에서, 그리고 우리가 읽는 동화나 소설에서도 계속해서 사용되고 있는 아주 쓸모 있는 책이지요.

역사는 숨겨진 보물을 찾아 떠나는 모험이다

다시 첫 질문으로 돌아가 봐요. 역사는 왜 이렇게 암기할 것이 많을까요? 우리는 역사를 지루한 공부로 먼저 만나요. 시험에 나올 만한 중요한 사건을 배우고 그 사건을 일으킨 사람을 배웁니다. 이렇게 과거의 사실을 외운다고 생각하면 역사는 너무나도 따분한 것이 될 수밖에 없어요.

하지만 역사를 공부할 때는 그냥 과거의 사실을 아는 데서 그쳐서는 안 돼요. 역사는 사람을 만나는 인문학이면서 동시에 다른 사람들의 삶을 들추어 보는 역할을 합니다.

우리도 다른 곳에서 일어난 다른 사람의 이야기를 듣다 보면 시간이 금방 지나가곤 하잖아요. 역사도 비슷해요. 역사를 통해 우리는 과거에 살았던 사람들의 삶을 구석구석 살펴보게 되니까요. 그런데 남의 이야기면서 역사는 의미까지 있는 거예요.

이렇게 역사는 이야기로 가득 차 있습니다. 우리를 즐겁게 해 주는 이야기, 우리에게 꿈과 희망을 주는 이야기로 가득하지요.

역사는 마치 보물 지도를 펴서 보물을 찾아내는 것과 같아요. 사람들이 쓸데없다고 생각하는, 관심도 가지지 않는 역사 속에도 보물 같은 이야기가 담겨 있습니다.

우리가 역사를 골치 아픈 암기 과목이 아니라 흥미진진한 이야기로 만날 수 있다면 역사의 품에 첫발을 디딘 것이나 다름없어요. 이제 보물이 잔뜩 쌓여 있는 지도를 신나게 펼쳐 보기만 하면 됩니다.

8장

조선을 세운 사람은 누구인가요?

가슴 뛰는 일을 하자

　세상에는 내 마음대로 되지 않는 일이 참 많아요. 갖고 싶은 물건이 있어도 무조건 가질 수 있는 것이 아니고, 좋아하는 친구와 좀처럼 친해지기 어려운 경우도 있어요. 또 열심히 공부했지만 성적이 잘 나오지 않는 때도 있을 거예요. 그럴 때면 내 뜻대로 되지 않는 상황이 원망스럽기도 하지요. 우리만 그런 것은 아니에요. 옛날 사람들도 우리와 같은 고민을 하면서 살았습니다.

고려 시대에 엄청난 불평쟁이가 있었어요. 이 사람은 돈도 없고 직장도 없어요. 그렇게 잘나가는 집안도 아니었고요. 또 뭔가 해 보려고는 하지만 주변의 방해로 계속 실패합니다.

이 사람은 끊임없이 불평을 늘어놓았어요. 세상을 탓하는 거죠. 세상이 잘못돼서 내가 이렇게 사는 거라고요. 그리고 세상뿐 아니라 마음에 들지 않는 사람에게도 불평을 쏟아 냈어요.

여러분은 이런 사람을 보면서 어떤 생각을 할 것 같은가요? 너무 부정적이라서 별로라고 생각했나요? 그런데 이 사람은 불평만 늘어놓고 그대로 주저앉지 않습니다. 잘못된 세상을 바로잡겠다고 결심하죠. 그리고 정말로 세상을 자신이 생각하는 대로 바꿔 나가요. 이 사람이 바로 조선을 건국하는 데 가장 큰 공을 세운, 이름부터 '도전'이었던 정도전입니다.

정도전의 꿈은 무엇이었나요?

정도전은 향리 집안에서 태어났어요. 향리는 고을에서 수령을 도와 여러 가지 일을 처리하는 관리입니다. 향리는 나라에서 임명하지 않았어요. 해당 지역에서 영향력 있는 사람이 향리를 맡았지요. 그리고 대부분 자식에게 자신의 지위를 물려줬어요.

고려 시대에 향리는 지역에서 나름 대접을 받긴 했지만 중앙의 양반 관리만큼 힘이 있거나 하진 않았어요. 때문에 정도전의 집안도 크게 내세울 만한 정도는 아니었죠. 또 정도전의 외할머니가 노비 출신이라서 약간 무시당하기도 했고요.

그런데 정도전의 아버지가 집안에서 처음으로 과거에 합격하면서 중앙의 관리가 됩니다. 정도전은 아버지를 따라 고려의 수도인 개경으로 올라오게 되었어요. 그리고 아버지의 친구였던 목은 이색 선생 아래에서 공부를 했습니다. 이색은 고려 말에 대학자로 이름이 높던 사람이었어요. 당연히 많은 제자를 길러 냈죠.

정도전이 개경으로 갔을 때 고려는 원의 간섭을 받고 있었어요. 그리고 원에 기대어 세력을 키운 권문세족이 높은 관직을 독차지하고 힘없는 농민들의 토지를 빼앗는 등 각종 횡포를 부렸습니다.

또 고려는 불교의 나라잖아요. 그런데 불교의 영향력이 너무 커지다 보니 원래의 가치를 잃고 부패하는 경우가 점점 많아졌어요. 부처님을 모시는 승려들마저 돈이나 권력을 원하게 되는 거죠.

여러분이 이런 모습을 직접 본다면 어떤 생각을 했을까요? 뭔가 잘못되었다는 생각을 하지 않았을까요? 어린 정도전도 그랬습니다. 정도전은 무너져 가는 고려를 다시 일으켜 세우겠다는 꿈을 꾸게 돼요.

이때 고려에는 유학의 새로운 갈래인 성리학이 들어왔어요. 성리학에서는 아무리 임금이라도 잘못된 행동을 하면 신하가 바로잡아야 한다고 가르쳐요. 또 임금이 백성을 위한 정치를 해야 한다고 말했지요.

이런 주장은 고려의 혼란스러운 상황을 해결하기에 꼭 들어맞았어요. 나라를 바꿔 보려는 사람들은 앞다퉈 성리학을 받아들입니다.

앞에서 고려 말에 유학을 공부하고 과거를 통해 중앙 관리가 된 사람들을 신진 사대부라는 이름으로 부른다고 했잖아요? 신진 사대부는 성리학을 적극적으로 받아들이며 고려 사회의 문제점을 해결하기 위해 노력합니다. 정도전도 여러 유학자들과 함께 성리학을 공부하며 실력을 키워 나갔고 스무 살에 과거에 합격해 관직 생활을 시작하게 되었죠.

이때 고려의 왕은 고려 말의 개혁을 이끈 공민왕이었습니다. 나라를 개혁하려 했던 공민왕은 적극적으로 신진 사대부를 뽑아서 곁에 두었어요. 정도전도 공민왕 밑에서 개혁에 힘을 보태며 자신의 역할을 충실히 해냈지요. 아마 곧 꿈이 이루어지겠구나 싶었을 거예요.

하지만 정도전의 고생은 이제부터 시작이었어요. 공민왕이 갑자기 죽고 어린 우왕이 즉위하면서 나라의 분위기가 완전히 바뀌거든요. 원래 권력을 잡고 있던 권문세족이 반격을 시작한 거죠. 자신들이 누리던 권력을 내놓기는 싫잖아요. 그러면서 정도전의 고생길이 시작돼요. 억울한 일이 쭉 펼쳐집니다.

정도전은 어떤 억울한 일을 겪었는데요?

간혹 고집이 엄청나게 센 사람을 만날 때가 있죠? 자신이 옳다고 생각하면 절대 양보하지 않고 자신의 입장을 지켜 내는 사람들이요.

정도전이 그런 사람이었어요. 정도전에게는 고려를 새롭게 바꾸겠다는 꿈이 있잖아요. 권문세족이 다시 권력을 잡았는데도 자신이 옳다고 생각하는 방향으로 계속 밀고 나갑니다. 그러다 명령을 따르지 않는다는 이유로 다른 신진 사대부들과 함께 유배를 가게 되었지요.

이 년 동안의 유배가 끝나고 다른 신진 사대부들은 하나둘 다시 관직 생활을 시작합니다. 하지만 정도전은 십 년 동안이나 복직하지 못했어요. 바른말만 하고 고집을 꺾지 않는 정도전을 다들 껄끄러워했던 거죠. 게다가 정도전은 노비의 피가 섞여 있었기 때문에 더더욱 조정으로 돌아가기 어려웠어요.

유배당한 곳에서도 정도전은 자신이 할 수 있는 일을 찾습니다. 그는 북한산에 작은 학교를 하나 세워요. 여기서 학생들을 가르치며 자신의 생각을 전달하려고 한 거예요. 그렇지만 정도전을 방해하는 사람들 때문에 학교는 금방 문을 닫을 수밖에 없었어요. 정도전은 다른 곳으로 이사를 갑니다. 하지만 거기서도 또 쫓겨나요.

그렇게 정도전은 오 년 동안 네 번이나 이사를 다녔다고 해요. 나쁜 사람들은 떵떵거리며 잘만 사는데 자신은 집 하나 구하기가 힘드니 얼마나 화가 났겠어요?

하지만 정도전은 유배 생활을 겪으면서도 가슴 뛰는 꿈을 버리지 않았어요. 오히려 꿈을 더 키워 갔죠. 정도전은 이곳저곳을 돌아다니면서 그곳에서 힘들게 살아가는 백성들을 직접 만나고 대화를 나눴어요. 백성들의 현실을 직접 경험한 거예요.

실제로 만난 백성들은 정도전의 생각보다 훨씬 어렵게 살고 있었어요. 먹을 것도 없는데 세금은 내야 하고 겨우 입에 풀칠할 만큼 남아 있는 땅은 힘 있는 사람이 빼앗아 버렸으니까요.

이렇게 보면 뭔가 단단히 잘못되었잖아요. 나라가 백성을 지켜 주는 것이 아니라 고통만 주고 있으니까요. 정도전은 다짐합니다. 앞으로 만들 새로운 세상은 백성을 위한 세상으로 만들겠다고요.

정도전이 고려 사회를 개혁하려면 다시 중앙의 관리가 되어 여러 정책을 펼쳐야 했어요. 하지만 안타깝게도 정도전은 당시 권력을 잡고 있었던 권문세족과 사이가 좋지 않았어요. 신분에서 오는 약점도 있었고요. 이는 정도전이 결코 넘을 수 없는 벽이었지요. 그럴 때는 어떻게 해야 할까요?

정도전은 벽 앞에 멈추기보다 벽을 부수기로 결심합니다. 고려에서 안 된다면 아예 새로운 나라를 만들기로 한 거예요.

새로운 나라를 만들어 낸 이성계와 정도전

정도전은 새로운 나라를 만들겠다는 자신의 꿈을 이루기 위해 계획을 세웁니다. 얼마 뒤 그는 고려의 영웅으로 불렸던 한 사람을 찾아가요. 바로 이성계입니다.

이성계는 백 번 싸우면 백 번 이긴다는 전설의 명장이었어요. 하지만 치명적인 약점을 갖고 있었습니다.

이성계의 가문은 원래 전주에 기반을 두고 있었어요. 그러다 전주 지역의 관리들과 마찰이 생기면서 국경 지역인 함경도로 이주합니다. 그리고 원에 항복해 버려요. 그 뒤로는 원이 고려에게 빼앗은 땅인 쌍성총관부에서 고려 사람을 관리하는 일을 하면서 살았죠.

그러다가 이성계의 아버지가 쌍성총관부를 되찾는 데 공을 세우면서 이성계 가문은 다시 고려로 돌아옵니다. 하지만 고려 사람들에게 이성계의 아버지와 이성계는 북쪽에서 내려온 낯선 이방인일 뿐이었어요.

정도전은 이런 이성계를 혼자서 찾아갔어요. 이때만 해도 둘 다 별 볼 일 없는 사람이었어요. 이성계는 그냥 싸움을 잘해서 출세한 장군이었지 권문세족처럼 돈과 권력이 많지는 않았어요. 정도전은 십 년 가까이 관직에도 오르지 못한 채 백성들 사이에서 농사나 짓는 사람이었고요. 그런데 신기하게도 둘은 만나자마자 서로의 가치를 알아봅니다.

정도전은 이성계가 가진 힘이 필요했어요. 힘이 있어야 고려라는 거대한 벽을 부수고 새로운 나라를 세울 수 있으니까요. 반대로 이성계는 정도전의 똑똑한 머리가 필요했고요.

이성계를 찾아간 그곳에서 정도전은 훈련이 잘되어 있는 그의 군대를 보며 한마디 던졌어요. "이 정도 군대면 무엇이든 못 하겠습니까?" 하고요.

정도전은 고려를 괴롭히던 왜구를 물리칠 수 있다는 뜻이었다고 둘러댔지만 이성계는 이 말의 진짜 뜻을 알아챘어요. 고려를 무너뜨리고 새로운 나라를 함께 세우자는 뜻이었지요.

그날 이후로 두 사람은 둘도 없는 파트너가 돼요. 정도전은 이성계 곁에서 새로운 나라를 향한 계획을 차근차근 세워 나갑니다.

결국 이성계는 위화도 회군으로 고려의 권력을 휘어잡고 조선이라는 새로운 나라를 세워요. 정도전은 이성계를 도와 조선을 건국하는 데 큰 공을 세웠고요. 그때부터 정도전은 자신이 생각하던 꿈을 이루기 위해 움직입니다. 조선이라는 나라를 원하는 대로 설계하고 실제로 만들어 간 거죠.

정도전이 설계한 조선은 어떤 나라였나요?

지금도 서울 곳곳에서 정도전의 흔적을 발견할 수 있어요. 그가 붓으로 그렸던 길을 우리가 아직도 걷고 있거든요.

조선을 대표하는 건물인 경복궁과 그 주변 종로 거리는 모두 정도전의 계획에 따라 만들어졌어요. 숭례문, 흥인지문 등 한양에 있는 사대문의 이름도 정도전이 지었고요. 한마디로 정도전은 조선의 설계자였어요.

정도전이 그렸던 나라는 백성이 중심에 있는 나라였어요. 이 점이 가장 중요해요. 정도전은 십 년 넘게 떠돌아다니면서 힘들게 사는 백성의 모습을 직접 봤잖아요. 그래서 소수의 권력자만 잘사는 것이 아닌 백성이 잘살 수 있는 나라를 꼭 만들려 했죠.

정도전은 모든 토지를 나라의 것으로 만들어서 백성들에게 공짜로 나눠 주자고 주장했어요. 여기에 더해 노

비까지 해방시키자고 했습니다. 땅과 노비를 많이 갖고 있는 권력자들은 그의 주장을 받아들이지 않았지만요. 정도전은 다른 사람보다 훨씬 시대에 앞선 생각을 하고 있었던 거죠.

또 정도전은 왕이 절대적인 힘을 갖고 나라를 다스리는 것을 원하지 않았어요. 사실 왕은 지금의 대통령처럼 투표로 뽑히는 것이 아니라 그냥 아버지한테서 물려받는 거잖아요.

정도전이 생각하기에 왕은 유능할 수도 있지만 무능할 수도 있었어요. 그렇다면 왕에게 나라를 완전히 맡기는 것은 위험하죠. 무능한 왕이 나라를 망쳐 놓을 수도 있으니까요. 그래서 정도전은 유능한 신하들이 중심이 되어 나라를 이끌어 가기를 원했습니다.

물론 조선의 역사 전부가 정도전의 생각대로 흘러가지는 않았어요. 그의 계획 중에는 이뤄지지 않은 것들이 많이 있습니다. 나중에 정도전 역시 왕의 권력을 더욱 강화하려던 태종 이방원에게 죽임을 당하고 말아요.

하지만 잊지 말아야 할 사실은 정도전이 사회를 좀 더 좋은 곳으로 만들기 위해 방법을 찾고 이루려 했던 사람이라는 거예요.

정도전은 오랫동안 어려움을 겪으면서도 포기하지 않았어요. 대신 자신이 원하는 세상을 만들기 위해 적극적으로 움직였죠. 자신의 신세나 한탄하면서 주저앉아 세상에 대한 원망만 쏟아 내고 끝났다면 정도전이라는 사람은 역사에서 잊히고 말았을 거예요.

역사는 나를 둘러싼 벽을 무너뜨릴 힘을 준다

역사 속에는 불평쟁이처럼 보이는 사람이 많이 있어요. 정도전도 그렇고요. 그런데 그 불평쟁이들은 종종 세상을 바꿔 놓곤 해요. 그러면 그들의 불평은 나쁜 아니라 다른 사람의 삶을 바꾸는 기회의 씨앗이 됩니다.

고려 시대의 정도전처럼 우리도 매 순간마다 만족하면서 살기는 어려워요. 이해하기 어려운 일들이 자주 일어나니까요. 또 내가 해결할 수 없는 것처럼 보이는 문제도 참 많지요.

그럴 때 우리는 불평을 늘어놓다가 금방 포기하기 쉬워요. '내 목소리 하나가 무슨 힘을 가지겠어', '남들도 다 그렇게 하니까' 하고 생각하는 거죠. 하지만 그저 가만히 있는다면 아무것도 변하지 않아요.

불평은 누구나 할 수 있어요. 그래도 불평 속에 주저앉지는 않았으면 좋겠어요. 여러분이 어떻게 생각하느냐에 따라 불평은 자신을 움직이고 나아가게 하는 힘이 되기도 하니까요.

우리도 정도전처럼 도전해 봐요. 지금 나의 문제는 무엇인지, 문제를 해결하기 위해 당장 어떤 일을 할 수 있는지 찾고 주변을 바꾸기 위해 노력하는 거예요.

정도전처럼 도전하는 것은 당연히 쉽지 않은 일이에요. 하지만 어려운 일을 해낼 때 나를 둘러싸고 있는 힘든 상황을 조금이라도 바꿔 나갈 수 있어요. 그리고 여러분과 같은 사람들이 하나둘 늘어난다면 거대한 벽처럼 보이는 힘든 문제도 천천히 무너지게 될 거예요.

세종 대왕은
왜 한글을 만들었나요?

세상을 바꾸는 생각

1444년의 어느 날 세종 대왕에게 상소문이 하나 올라옵니다. 상소문은 신하가 임금에게 올리는 글이에요. 이번 상소문은 최만리라는 신하가 올린 것이었어요. 훈민정음 사용을 반대한다는 내용이었지요.

최만리는 한마디로 훈민정음은 '이로울 것이 없는 글자'라고 말했어요. 임금이 직접 만든 글자를 두고 이렇게까지 이야기하다니, 얼마나 심하게 반대를 했는지 알 수 있죠.

최만리는 "이미 한자가 있는데 새로운 글자는 필요하지 않으며 중국에 사대하는 우리나라가 우리만의 글자를 사용한다면 부끄러운 일"이라고 주장했어요. 작은 나라가 큰 나라를 섬기는 것을 사대라고 하는데, 큰 나라인 중국에 예의를 갖추려면 한자를 계속 사용해야 한다는 것이었습니다.

최만리는 훈민정음처럼 한자가 아닌 다른 글자를 사용하는 것은 오랑캐들이나 하는 짓이라고 했어요. 또 스물여덟 글자로만 이루어진 훈민정음을 사용하면 관리들이 한자를 열심히 배우지 않게 되어 학문 발전에도 도움이 되지 않는다고 주장했어요. 그리고 백성들이 억울한 일을 당하지 않도록 훈민정음을 만들었다고는 하지만 백성들은 이미 만들어진 이두를 쓰면 되는 일이라고도 했죠.

훈민정음 반포를 반대한 것은 최만리뿐만이 아니었어요. 많은 양반들이 이를 반대했지요. 하지만 세종은 결코 뜻을 굽히지 않았어요. 결국 '백성을 가르치는 올바른 소리'인 훈민정음은 백성들에게 널리 퍼질 수 있었습니다.

· · ·

매년 10월 9일은 한글날입니다. 세종 대왕의 훈민정음 반포를 기념하는 날이죠. 반포는 세상에 퍼뜨려 모두가 알게 하는 것을 의미해요. 세종 대왕이 만들어 낸 훈민정음은 일제 강점기인 1910년대 초부터 주시경 선생과 같은 한글 학자들에 의해 '한글'이라고 불리기 시작했습니다.

한글날은 세계적으로도 찾아보기 힘든 굉장히 특별한 기념일이에요. 전 세계에서 어떤 글자를 발명한 날이 구체적으로 알려진 경우는 거의 없거든요.

그런데 한글은 만들어진 날도 만든 사람도 정확하게 기록으로 남아 있습니다. 거기에 글자를 사용하는 방법을 책으로 만들어 백성들에게 알려 주기까지 했으니 더 특별하지요.

우리가 주변의 다른 나라와 구별되는 우리만의 독창적인 문화를 발전시켜 나간 과정에서도 한글이 크나큰 역할을 했습니다.

그런데 앞서 본 것처럼 한글이 처음 만들어질 때는 양

반들의 반대가 아주 심했어요.

너무나 쓰기 편하고 우리 문화를 발전시키는 데 커다란 역할을 한 한글을 반대했다니, 지금 생각하면 이해가 되지 않는 일이에요. 그렇지만 그때는 한글을 사용하는 것이 오히려 이상한 일이었습니다.

물론 우리나라에 글자가 없는 것은 아니었어요. 다만 우리나라의 고유한 글자가 아닐 뿐이었지요. 우리나라는 삼국 시대부터 중국의 글자인 한자를 들여왔어요. 이때는 중국 주변에 있는 대부분의 나라들이 한자를 사용했어요.

그러니 최만리와 같은 신하들도 한글을 반대하면서 "한자가 있는데 뭐 하러 불편하게 한글을 만들어서 사용합니까?"라고 말했지요. 그러면 세종은 왜 신하들의 격렬한 반대를 무릅쓰면서까지 한글을 만들어야만 했던 것일까요?

원래 사용하던 한자를 그대로 써도 되지 않나요?

훈민정음 사용 설명서라고 할 수 있는 《훈민정음 해례본》을 보면 세종이 한글을 만든 이유를 알 수 있어요. 여기에는 "나라의 말이 중국과 서로 달라 한자로는 통하지 않는다. 그래서 백성들이 말하려 하는 것이 있어도 뜻을 전하지 못하는 사람이 많다. 내가 이를 가엾게 여겨 스물여덟 자를 만들었으니 사람마다 쉽게 익혀 날마다 씀에 편안케 하려 함이라"라고 나와 있어요.

이 글에서 핵심은 두 가지예요. 첫 번째는 우리말이 중국의 말과 다르기 때문에 우리말을 표현하기에 적합한 글자를 만들었다는 거죠. 여기서 우리는 우리나라만의 글자를 만들겠다는 세종의 자주적인 마음을 엿볼 수

있어요.

두 번째는 한글이 '백성들이 배우기 쉬운 글자'라는 점이에요. 지금까지는 양반들만 글자를 읽고 썼지만 이제는 누구나 배워서 사용할 수 있는 글자를 만들었다는 거예요. 백성을 생각하는 세종의 마음이 잘 느껴지지 않나요?

한자는 대부분 양반들만 사용하는 글자였어요. 여러분도 한자를 배우는 것은 정말 어렵지 않나요? 익숙하지 않은 글자를 하나하나 외워야 하니까요. 조선 시대에도 공부를 어느 정도 한 사람들만 한자를 능숙하게 사용할 수 있었어요.

그런데 공부는 매일 일하지 않아도 되는 양반들이나 가능한 일이지요. 일반 백성들은 먹고살기에 바빠 공부할 시간을 낼 수 없었어요. 그러니 평범한 백성들은 당연히 글을 읽고 쓸 수 없었죠.

나라를 다스리는 양반은 평범한 백성들이 공부해서 똑똑해지는 것을 원하지 않았어요. 백성들이 똑똑해지면 자신이 왜 양반의 명령을 무조건 따라야 하는지 의문을 가지게 되잖아요. 어쩌면 이 사회가 공평하지 않다는 것을 깨달을 수도 있고요. 그러면 양반의 자리가 위험해집니다. 그래서 양반은 백성들이 공부를 하거나 글자를 배우길 원하지 않았어요.

앞에서 최만리가 "백성들에게는 굳이 새로운 글자가 필요하지 않다"라고 했죠? 그가 특별히 못된 사람이라서 그렇게 말한 것은 아니에요. 조선 시대에는 그렇게 생각하는 것이 너무 당연했습니다. 백성들과 지식을 나눠야 한다고 생각해 본 적이 아예 없을 테니까요.

하지만 세종은 시대에 갇혀 있는 사람이 아니었어요. 미래를 생각할 줄 아는 왕이었죠. 아마 세종은 한글이 발명되면 사람들의 생활이 완전히 달라질 거라고 예상했을지도 몰라요.

원래 세종은 신하들의 의견을 존중하는 편이었는데

이때만큼은 강하게 나왔어요. 한글 사용에 반대하는 신하들을 감옥에 가두라고 명령할 정도로요. 물론 하루 만에 풀어 주긴 했지만요. 이러한 세종의 확고한 결정 덕분에 한글은 곧 백성들에게 보급될 수 있었어요.

한글이 실제로 백성들에게 도움이 되었나요?

한글이 만들어지고 나서 삼 년 뒤, 담장에 벽보 하나가 나붙습니다. 여기에는 "하 정승아, 공사를 망녕되게 하지 마라"라고 쓰여 있었어요. 누가 썼는지는 모르지만 정승의 업무 처리가 마음에 들지 않았는지 "일 좀 똑바로 해"라고 항의 표시를 한 것이지요.

시간이 더 많이 지나 연산군 때는 연산군의 난폭한 정치를 비판하는 한글 벽보가 붙기도 해요. 당시 이 일로 한글 사용이 잠시 금지되기도 했죠.

이러한 벽보를 일반 백성이 썼는지는 확실하지 않지만 적어도 한글로 쓰여 있었기 때문에 백성 중에서도 읽을 수 있는 사람이 많았을 거예요. 역사 드라마를 보면 사람들이 벽보 앞에 모여서 웅성거리잖아요. 그 사람들은 어떤 생각을 하고 있었을까요? 뭔가 잘못된 것이 있다고 생각하지 않았을까요?

사람들이 계속 이런 글을 접하고 읽으면 생각도 점차 달라집니다. 그러면서 세상도 변할 수 있어요. 세종은 그냥 한글이라는 글자를 만들어 낸 것이 아니에요. 조선 전체, 나아가 세상을 바꾸는 일을 한 거죠. 이건 세종이 고정 관념이라는 틀에 갇혀 있지 않았기 때문에 가능한 일이었어요.

백성들의 일상생활에도 한글은 큰 도움을 주었어요. 한글이 만들어지면서 백성들은 한글로 편지를 주고받을 수 있게 되었습니다. 우리 생각에는 너무 당연한 일처럼 보이죠? 하지만 한글이 만들어지기 전에는 백성들끼리 이런 편지 하나도 주고받지 못했어요. 글을 읽고 쓸 수

정승아,
일 좀
똑바로
해라.

없으니까요.

시간이 더 지나 조선 후기가 되면 한글로 된 소설이 등장합니다. 이제는 일반 백성들도 문학 작품을 즐길 수 있게 되었죠. 이때 만들어진 한글 소설을 보면 양반들을 비판하고 풍자하는 내용이 많아요. 백성들이 평소 갖고 있던 불만을 소설이라는 형식으로나마 드러낸 거예요. 이것도 한글이 없었다면 절대 일어날 수 없는 일이었겠죠.

최초보다 중요한 것이 있다

이번에는 우리나라가 아닌 유럽 사람을 한번 소개해 보려 해요. 바로 구텐베르크입니다. 구텐베르크는 금속 활자를 이용해서 인쇄기를 발명한 사람이에요. 처음으로 대량 인쇄 기술을 만들어 냈다고 알려져 있어요.

그렇지만 그가 금속 활자를 처음으로 발명한 것은 아

니에요. 현재 남아 있는 책 중에서 금속 활자로 인쇄한 가장 오래된 책은 고려에서 만들어진 《직지심체요절》이에요. 구텐베르크가 금속 활자를 만들어 내기 칠십팔 년 전 이미 고려에서는 금속 활자로 책을 인쇄했죠.

하지만 인쇄 기술이 꾸준히 발전한 곳은 고려가 아니라 서양이었어요. 분명 시작은 고려가 훨씬 빨랐는데도 말이에요.

사실 고려의 금속 활자와 구텐베르크의 금속 활자는 만들어진 목적 자체가 달랐어요. 《직지심체요절》은 불교를 설명하는 어려운 책이에요. 지배층이나 스님들이 보던 책이지요. 고려에서는 책을 많이 만들 이유가 없었어요. 책은 지배층만 읽으면 된다고 생각했으니까요.

그리고 인쇄기가 발명되기 전까지는 서양 사람들도 마찬가지였어요. 교회에 가서 성경을 읽을 때조차 사람들은 글을 읽지 못해 성직자가 읽어 주는 내용을 들을 뿐이었지요. 그리고 다들 그게 당연하다고 생각했고요.

하지만 구텐베르크가 인쇄기를 발명하면서 이전과는

비교할 수 없을 정도로 많은 책이 쏟아져 나오기 시작합니다. 그러면서 사람들이 얻는 정보의 양도 늘어나요. 누구나 책을 읽으며 생각하고 정보를 나눌 수 있는 세상이 된 거죠. 그전까지 학문이나 기술에서 뒤처져 있던 서양은 인쇄 기술 덕분에 동양을 넘어서게 됩니다. 구텐베르크의 인쇄기는 세상을 완전히 바꿔 놓았어요.

구텐베르크가 세상을 바꾸겠다는 생각으로 인쇄기를 만들지는 않았을 거예요. 아마 많은 사람이 원하는 물건을 만들어서 돈을 벌고 싶다는 생각을 했겠죠. 그런데 그 과정에서 소수의 지배층이 차지하던 지식을 많은 사람들에게 퍼뜨린 거예요.

발명이라고 하면 사람들은 대부분 최초가 누구인지를 묻습니다. 하지만 최초보다 더 중요한 것은 사람들에게 미친 영향력이에요. 구텐베르크가 금속 활자를 처음으로 만들어 내진 않았지만 그의 인쇄기는 역사를 완전히 바꿔 놓았으니까요.

역사는 우리를 더 멀리까지 바라보게 한다

최만리는 조선 시대의 한계에 갇혀 있던 사람이었어요. 그래서 미래를 생각하지 못했지요. 그때는 최만리와 같은 생각을 한 사람이 대부분이었고요.

하지만 세종 대왕은 시대 너머를 상상한 왕이었어요. 그는 신하들의 반대를 무릅쓰고 한글을 백성들에게 알려 주었습니다. 만약 세종이 훈민정음 반포를 포기했다면 지금 우리의 삶도 달라졌을 거예요.

배우기 쉬운 한글은 글자를 읽을 수 있는 사람의 숫자를 엄청나게 많이 늘려 주었어요. 지금도 한글은 정보화 시대에 너무나 편리한 문자라는 평가를 받습니다.

지금도 시대 너머를 상상하는 사람이 필요해요. 요즘은 과학 기술이 무섭게 발전하고 있잖아요. 우리를 둘러싼 세상도 빠르게 변하고요. 이럴 때일수록 남들과 다른 기발한 생각을 할 수 있는 사람, 고정 관념을 깨는 사람이 있어야 합니다. 하지만 이렇게만 말하면 이런 사람이 어떤 사람인지 잘 떠오르지 않아요. 마치 유니콘 같은 상상 속 동물을 말하는 것만 같죠.

이럴 때 역사를 살펴보면 그런 사람을 쉽게 찾을 수 있을 거예요. 물론 역사 인물은 과거에 살았던 사람이지만 남들과 다르게 기발한 생각을 했던 사람은 어느 시대에나 눈에 띄었으니까요.

세종과 구텐베르크는 여기에 딱 맞는 사람이에요. 이들이 발명한 한글과 인쇄기는 세상을 바꿨습니다. 그리고 이들이 세상을 바꿀 수 있었던 이유는 많은 사람을 위한 글자와 기술을 만들어 냈기 때문이에요.

아무리 새로워도 사람들이 선택하지 않으면, 좋아하지 않으면 결국 사라질 수밖에 없어요. 많은 사람이 선택한 것이 세상을 바꾸는 거죠. 역사는 소수의 권력자가 아니라 다수의 평범한 사람들이 자유롭게 살아가는 방향으로 나아가고 있어요. 우리도 이번 기회에 어떻게 하면 세상을 바꿀 수 있는지 생각해 보면 좋겠습니다.

역사 속 위인들은 어떻게 그렇게 많은 일을 해낼 수 있었나요?

말보다 행동으로 보여 주자

여러분은 왕 하면 어떤 이미지가 떠오르나요? 우리는 나라에서 가장 호화로운 궁궐에 살면서 매일 좋은 음식을 먹으며 떵떵거리는 왕의 모습을 떠올리곤 해요. 그러니 왕으로 살면 정말 좋겠다고 생각하죠. 하고 싶은 대로 해도 뭐라고 할 사람도 없으니 스트레스도 받지 않을 것 같고요.

그런데 우리 역사에서 가장 위대한 왕 하면 손꼽히는

세종 대왕을 보면 우리가 생각했던 왕의 모습과 전혀 달라요. 아침에 일어나서 저녁에 잘 때까지 계속 일만 합니다. 하루에 약 스무 시간을 일했다고 해요.

세종은 평생 여러 가지 질병에 시달려요. 눈이 점점 나빠져서 나중에는 거의 앞을 볼 수 없을 정도였고, 허리 통증도 심했지요. 또 운동을 거의 안 했기 때문에 비만도 있었다고 해요. 지금으로 치면 정말 걸어 다니는 종합병원이었지요. 세종의 수많은 업적 뒤에는 이렇게 자신의 몸을 아끼지 않는 노력이 있었습니다.

세종 대왕은
왜 그렇게 바빴나요?

세종 말고 다른 왕들도 편히 놀기만 했던 것은 아니에요. 원래 조선의 왕은 업무가 정말 많았습니다. 새벽부터 밤늦게까지 부지런히 일해야 했죠.

왕은 보통 새벽 다섯 시에 일어나서 밤 열한 시에 잠들었어요. 여섯 시간 정도 잘 수 있었던 거예요.

왕은 그 사이에 정말 다양한 일을 처리했어요. 나라를 잘 다스리기 위해 신하들과 회의해야 했고, 책도 꾸준히 읽어야 했고, 공부도 해야 했죠. 여러분이 상상했던 왕의 모습과는 너무 다르지 않나요?

그런데 왕도 사람이잖아요. 아무래도 공부를 빼먹고 싶을 때도 있었을 거예요. 어느 날은 일하지 않고 놀러 나가고 싶을 거고요. 그래서 조선 시대의 왕들도 이따금씩 취미 생활을 즐기곤 했어요. 가장 인기가 많은 취미는 사냥이었죠.

조선 시대의 왕 중에서도 사냥을 즐긴 왕들이 꽤 있어요. 세종의 아버지였던 태종도 사냥을 정말 좋아했습니다. 억지로 세종을 데리고 사냥에 나설 때도 있었을 정도로요.

하지만 세종은 다른 왕들과도 확실히 달랐어요. 조선의 역사를 기록한 《조선왕조실록》에 따르면 세종이 단한순간도 게으름을 피우지 않았다고 해요. 너무 부지런하다 보니 병을 얻었다고 써 놓았을 정도지요. 세종은 왜 이렇게까지 무리하면서 일을 계속했을까요? 일이 좋아서 그랬을까요?

사실 왕 혼자서만 잘살아 보겠다고 생각하면 굳이 힘들게 노력할 필요가 없어요. 왕은 이미 나라에서 가장 높은 사람이잖아요.

세종이 끊임없이 노력했던 이유는 어떤 일이 백성을 위한 일인지 끊임없이 고민했기 때문이에요. 그렇기에 수많은 업적도 나올 수 있었던 거죠.

그리고 세종은 그냥 "백성을 위한 일을 하라"라고 신하들에게 명령만 내리는 왕이 아니었습니다. 직접 움직여서 백성을 위한 일을 찾아냈어요.

앞에서 훈민정음을 세종이 직접 만들어 냈다고 했잖아요. 왕이 글자를 만드는 일까지 스스로 하다니, 정말 바쁠 수밖에 없었겠죠.

그럼 그 많은 일을
세종 대왕 혼자서 한 건가요?

그렇지는 않아요. 아무리 뛰어난 사람이라도 모든 일을 혼자서 할 수는 없습니다. 특히 조선 시대에는 왕 혼자서 모든 일을 결정하지 않았어요. 왕도 신하들의 의견에 귀를 기울여야 했지요.

특히 신하 중에서 가장 높은 자리에 있는 재상은 왕을 보좌하는 최고 책임자 역할을 했습니다. 그리고 행동하는 세종 옆에는 마찬가지로 행동하는 재상이 있었어요.

세종이 나라를 다스리던 시절의 어느 날 가난한 농부가 낚시를 하러 갔다가 한 사람을 만나요. 농부는 자신이 싸 온 떡을 나눠 먹으면서 그 사람과 친해지죠. 그 사람은 친구가 된 농부를 자신의 생일잔치에 초대합니다.

그런데 생일날이 되어 농부가 잔치에 찾아가니 온갖 높은 사람들이 다 모여 있는 거예요. 알고 보니 낚시를 하며 만난 그 사람은 평범한 낚시꾼이 아니라 재상이었습니다. 농부는 자신과 비슷한 처지에 있는 사람인 줄만 알았는데 엄청나게 높은 사람이었던 거죠.

농부는 그 자리에 엎드려 싹싹 빕니다. 높은 분인 줄도 모르고 편하게 대해서 죄송하다고요. 그때 재상은 농부에게 이렇게 말해요. "내 벼슬이 재상일 뿐, 모든 백성이 내 친구입니다. 죄송하다는 말은 하지 말고 앞으로도 함께 낚시를 즐깁시다."

그 뒤 두 사람은 계속 낚시 친구로 함께 지냈다고 해요. 이 사람이 세종 때 오랫동안 재상의 자리에 있었던 맹사성입니다.

맹사성은 세종과 비슷하게 백성을 먼저 생각하고 실제로 백성을 위해 행동하는 사람이었어요. 그는 거의 최고 위치의 관직에까지 올랐지만 백성을 가까이하는 삶을 살아 존경을 받았습니다. 평소에는 여느 백성과 다를 것 없이 살아서 백성들도 높은 사람인 줄 전혀 몰랐다고 해요. 조금이라도 잘나가면 그것을 자랑하려 드는 사람도 많은데 맹사성은 그렇지 않았던 거죠.

맹사성은 나중에 나이가 들어 은퇴하고서도 평범한 백성과 다를 것 없이 살았어요. 그때 그에게 남겨진 물건은 낡은 집 한 채와 피리 한 개뿐이었다고 합니다. 누군가에게 보여 주기 위해 검소한 척 살아온 것이 아니라 정말 평생을 검소하게 살아왔던 거예요.

맹사성은 어떻게 하면 조선을 강한 나라로 만들지, 백성들이 더 잘살 수 있을지만 생각했어요. 어떻게 하면 자신이 좀 더 잘 먹고 잘살까가 아니라요.

백성을 사랑하던 '넘사벽' 지도자

세종이 다스리던 시대에는 이렇게 백성을 위해 행동하는 왕과 재상이 있었어요. 그러니 당연히 나라도 덩달아 발전할 수밖에 없었지요. 세종이 다스리는 삼십이 년 동안 조선은 눈부시게 발전합니다.

우리나라의 국경선이 지금과 비슷하게 그어진 것도

세종 때예요. 세종은 압록강 쪽으로 최윤덕을 보내 4군을 설치하고, 두만강 쪽으로는 김종서를 보내 6진을 설치합니다. 그곳에 살던 여진을 몰아내고 우리나라의 땅을 넓힌 것이죠.

또 우리나라에 종종 쳐들어와 백성들을 괴롭히던 왜구를 혼내 주기 위해 남쪽의 쓰시마섬을 공격해요. 다시는 조선을 넘보지 말라는 경고였죠.

영토를 넓힌 것 말고도 세종은 백성들의 생활이 나아질 수 있도록 여러 가지 방법을 생각해 내요. 당시 백성들에게 가장 중요한 것이 무엇이었을까요? 바로 농사예요. 백성들 대부분은 농사를 지으며 살았거든요. 그런데 이때 농사를 잘 짓는 방법을 알려 주는 책은 다 중국에서 온 것이었어요. 우리나라와 중국의 환경이 다르다 보니 백성들이 실제로 농사에 활용하기는 어려웠지요.

세종은 뛰어난 농사꾼을 찾아 어떻게 농사를 지었는지를 조사해 우리나라만의 새로운 농사법을 담은 책을 만듭니다. 이것이 《농사직설》이에요. 이름만 들으면 그

냥 농사 책일 뿐이지만 책에는 백성들의 농사가 보다 수월해지기를 바랐던 왕의 마음이 숨어 있어요.

이뿐 아니라 비가 얼마나 내렸는지 측정하는 도구인 측우기, 해시계, 물시계도 이때 발명되었습니다. 우리가 배우는 조선 시대의 발명품 중 많은 것이 세종 때 나온 거예요. 그리고 세종 때 만들어진 발명품 중 대다수가 노비 출신이었던 장영실의 손에서 완성되었습니다.

세종은 능력만 있다면 노비였던 사람도 과감하게 뽑아서 함께했어요. 당시 노비는 사람 취급도 받지 못하는 경우가 정말 많았는데 말이에요. 세종은 "노비가 천민에 속하지만 다른 이들과 마찬가지로 하늘이 내린 백성이다"라고 말했습니다. 그래서 노비에게 출산 휴가를 주기도 했지요.

또 얼마나 백성들의 말에 귀를 기울였는지 세금을 걷기 위한 법을 정할 때 국민 투표를 시행하기도 했어요. 조선의 전성기를 이끌었던 세종은 이런 왕이었어요. 여러모로 시대에 앞선 왕이었던 거죠.

역사는 우리를 행동으로 이끌어 준다

우리는 평소에 많은 것을 바라면서 살아가요. 하지만 머릿속으로 바라기만 한다고 해서 무언가 바뀌는 것은 아니에요. 우리가 원하는 방향으로 나아가기 위해서는 직접 행동해야 해요. 세종은 스스로 행동하고 직접 문제를 해결하는 태도를 가르쳐 줍니다.

세종은 행동하는 사람이었어요. 아랫사람에게 하나부터 열까지 시킬 수 있는 왕이었는데도 말이에요. 그리고 세종과 함께 나라를 이끌었던 재상 맹사성도 실제로 백성들의 삶에 가까이 다가가는 사람이었고요.

세종과 맹사성은 말보다는 행동으로 보여 주었어요. 그래서 조선을 전성기로 이끌 수 있었던 거예요.

우리도 마찬가지예요. 행동에는 강한 힘이 있습니다. 여러분도 직접 행동하고 부딪치며 답을 찾아가 보세요. 우리의 하루하루가 더욱 풍성하게 채워질 거예요.

사화가 도대체 뭔가요?

올바름이 지닌 힘

역사를 자세히 보면 종종 비슷한 장면이 반복됩니다. 고려와 조선이 발전하는 모습 속에서도 비슷한 점을 찾아볼 수 있어요. 고려를 건국한 6두품과 호족이 각종 특권을 누리며 점차 문벌을 형성한 것처럼 조선을 건국한 혁명파 신진 사대부 중 일부도 권력을 독점하고 왕권을 위협하죠.

그리고 우리가 역사에서 매번 목격했듯이 권력이 한

쪽으로만 집중되면 여러 문제가 생겨납니다. 동시에 이런 문제를 해결하려는 개혁 세력도 등장하고요.

역사를 공부하는 우리는 이런 장면들 앞에서 "나는 어떻게 하루하루를 살아야 할까"를 끊임없이 고민해야 해요. 그렇지 않으면 점점 더 욕심을 부리며 주변을 둘러보지 못하게 됩니다. 결국은 내가 무언가를 결정할 수 있는 위치에 놓였을 때 나의 힘을 제멋대로 사용하는 사람이 될지도 몰라요.

신진 사대부는 어쩌다 문벌과 비슷한 사람들이 되었나요?

앞에서는 백성들을 위해 자신의 몸을 아끼지 않았던 세종 대왕의 이야기를 살펴봤어요. 세종은 왕의 힘과 신하의 힘이 조화를 이루고 백성이 걱정 없이 잘살 수 있는 나라를 만들기 위해 노력했습니다.

세종은 나랏일을 하느라 건강이 점점 나빠져만 갔어요. 세자도 왕위를 물려받을 준비를 해야 했지요. 하지만 당시 세자인 문종은 몸이 약했고 문종의 아들인 단종은 아직 너무나 어렸습니다.

　세종은 문종 외에도 여러 아들을 두었습니다. 특히 둘째 아들인 수양 대군과 셋째 아들인 안평 대군은 나름의 세력을 가지고 서로 경쟁하고 있었어요.

　세종은 왕위를 이은 문종이 일찍 세상을 떠나기라도 하면 자신의 다른 아들이 그다음 왕위를 물려받을 어린 단종에게 큰 위협이 될 것이라고 생각했어요. 세종은 자신이 죽고 난 후를 대비해 집현전 학사 출신의 믿을 만한 신하들에게 나라의 뒷일을 부탁합니다.

　아니나 다를까 세종의 뒤를 이어 왕이 된 문종은 즉위한 지 이 년 만에 세상을 떠나요. 문종 역시 김종서 등 몇몇 신하들에게 자신의 뒤를 이을 단종을 부탁하고 눈을 감죠. 그리고 문종의 어린 아들 단종이 열두 살의 나이로 왕이 됩니다.

그러자 세종과 문종의 부탁을 받은 신하들이 어린 왕을 도와 나라를 이끌어 갔어요. 특히 당시 재상이었던 김종서에게 권력이 집중되었죠. 왕이 강한 힘을 갖고 나라를 이끌어 가길 원했던 수양 대군은 이를 못마땅하게 생각했어요.

이런 수양 대군의 생각을 지지하는 신하들이 생겨나면서 결국 수양 대군은 난을 일으켜 김종서 등을 죽이고 권력을 잡게 됩니다. 이 사건을 계유정난이라고 불러요. 수양 대군은 얼마 뒤 단종을 몰아내고 왕위(세조)에 오릅니다. 나중에는 쫓아낸 단종을 죽이기까지 하죠.

세조가 조카를 쫓아내고 왕위에 오르는 과정에서 많은 신하들이 등을 돌립니다. 몇몇은 단종을 다시 왕위에 올리려 시도하기도 했어요. 결국 수많은 신하들이 목숨을 잃고 말았지요.

세조 입장에서는 신하들과 머리를 맞대고 회의하는 것이 불편했어요. 신하들 중에서도 자신을 싫어하는 사람이 많다는 사실을 잘 알고 있었으니까요. 세조는 그들이 찍소리 못하도록 왕권을 강화하기 시작합니다.

단종을 따르던 신하들 중에 집현전 학사 출신들이 많았다고 했죠? 세조는 집현전을 폐지하고 왕과 신하가 함께 정책을 토론하는 경연마저 없애 버립니다.

하지만 왕 혼자서 모든 일을 다 할 수는 없잖아요. 왕도 자신을 도울 사람이 필요하지요. 이때 세조는 계유정난 때 자신의 편에 서서 싸운 신하들을 중요한 관직에 앉히고 나라를 다스립니다. 이들 중 일부는 왕실과 혼인 관계를 맺기도 하죠.

이렇게 세조가 왕위에 오르는 데 큰 공을 세운 신하들을 훈구라고 해요. 세조는 이들에게 높은 관직뿐만 아니라 많은 토지와 노비를 상으로 주었습니다. 이렇게 부와 권력을 손에 넣은 훈구는 나중에 왕권까지 위협하게 돼요.

훈구의 뿌리는 조선을 세운 혁명파 사대부예요. 하지만 이들도 권력을 얻자 자신의 권력을 키우는 데만 관심을 두게 되었죠. 훈구도 다른 지배층과 마찬가지로 온갖 비리를 저지르며 백성들을 괴롭힙니다. 이때 이런 훈구를 비판하는 사람들이 등장해요. 이 사람들을 '사림'이라고 불렀습니다. 이때부터 권력을 잡고 있는 훈구와 새로 등장한 사림 사이의 대결이 치열해져요. 과연 마지막 승자는 누구였을까요?

사림은 어디서 나타난 사람들인가요?

사림은 세조의 손자인 성종 때부터 본격적으로 역사에 등장해요. 사림 중에는 지방에서 올라온 사람이 많았어요. 이들도 신진 사대부의 후손이었죠.

고려 말 신진 사대부는 둘로 나뉘어요. 개혁에는 찬성하지만 고려 왕조는 끝까지 유지해야 한다고 주장한 쪽과 고려를 완전히 무너뜨리고 새로운 나라를 세워야 한다고 주장한 쪽이 있었습니다.

결국 새로운 나라를 건설하자고 주장한 사대부들이 조선을 세우자, 고려 왕조를 지키자고 주장했던 사대부들은 지방에서 학문을 연구하고 제자들을 교육하는 데 힘을 써요. 이들의 제자가 사림이에요.

성종은 훈구가 왕권을 위협할 정도로 세력이 커지자 훈구를 견제하기 위해 사림을 적극적으로 관직에 앉혀요. 사림은 훈구의 부정부패를 서슴없이 폭로합니다. 더 이상 훈구가 권력을 독점하고 나쁜 짓을 하지 못하도록 견제한 거죠.

훈구 입장에서는 사림이 자신들을 공격하니 엄청나게 열이 받았을 거예요. 이때부터 훈구는 사림을 공격하기 시작합니다. 훈구는 대대로 권력을 장악하고 있었기 때문에 막강한 힘을 휘둘렀어요. 상대적으로 힘이 약했던 사림은 훈구의 공격으로 엄청난 피해를 입습니다. 이렇게 사림이 공격받아 큰 피해를 입은 사건을 '사화'라고 불러요. 말 그대로 사림이 화를 입었다는 뜻이죠.

우리 역사에서 사화는 총 네 번 있었어요. 그중 첫 번

째 사화는 폭군으로 유명한 왕이자 세조의 증손자인 연산군 때 일어납니다.

  연산군 때 김일손이라는 사림이 있었어요. 그는 역사를 기록하는 관리였습니다. 조선 왕들의 역사를 기록하는 《실록》을 만드는 데 참여하는 사람이었죠. 그런데 김일손이 《실록》을 작성하기 위해 모은 자료 중에 〈조의제문〉이라는 글이 있었어요. 김일손의 스승인 김종직이 살아 있을 때 썼던 글이지요.

〈조의제문〉은 김종직이 꾸었다는 꿈 이야기를 담고 있어요. 김종직은 꿈에서 약 천오백 년 전 중국에 있었던 '초'라는 나라의 황제 의제를 만납니다. 그리고 꿈에서 깨어나 그를 생각하며 추모해요. 의제는 어린 나이에 황제가 되었다가 《초한지》에 나오는 항우에게 왕위를 빼앗기고 죽임을 당한 사람이에요.

어린 의제를 죽이고 왕이 된 항우, 어딘가 익숙한 모습 아닌가요? 딱 단종을 죽인 세조가 떠오르지요. 김종직은 세조를 비판하고 싶은데

너무 대놓고 할 수는 없으니 꿈 이야기를 빌려서 비판한 거예요. 김일손은 이 글을 《실록》을 만들 때 참고했고요.

훈구가 이것을 놓칠 리 없었죠. 바로 연산군에게 일러바칩니다. 김일손이 왕을 깔본다고요.

연산군은 감히 자신의 증조할아버지인 세조를 비판한 김일손과 〈조의제문〉을 쓴 김종직의 제자들을 잡아들입니다. 그리고 목을 뎅겅뎅겅 날려 버려요. 이 사건이 무오사화입니다.

무오사화 이후 연산군은 한 번 더 사화를 일으켜요. 이번에는 어머니를 위한 복수를 한다는 이유였지요. 그런데 이때는 훈구도 피해를 입어요. 화가 잔뜩 난 연산군이 사림과 훈구를 가리지 않고 죽였거든요.

이렇게 사화를 일으키면서 많은 사람들을 죽인 연산군은 왕위에서 오래 버티지 못합니다. 신하들이 폭군인 연산군을 몰아냈거든요. 결국 연산군은 왕위에서 쫓겨나고 중종이 뒤를 이어 왕이 됩니다.

기묘한 일이 벌어진 기묘사화

중종은 왕이 된 후 사림을 적극적으로 관직에 등용했어요. 그중에서 조광조라는 개혁가가 등장합니다. 중종은 조광조를 정말 좋아했어요. 그가 원하는 개혁을 이뤄낼 수 있도록 적극적으로 밀어 줍니다.

조광조는 원칙을 철저하게 지키는 사람이었어요. 그래서 훈구와 타협하지 않고 다양한 개혁을 진행합니다. 그러다 중종을 왕위에 앉히는 데 공을 세운 신하들에게 상을 주려고 만든 명단에서 문제를 발견해요.

중종은 연산군을 몰아내고 왕이 된 사람이잖아요. 조선 시대에 왕을 쫓아내는 것은 엄청나게 위험한 일이었습니다. 만약 실패하기라도 하면 자신뿐 아니라 가족까지 모조리 목숨을 잃을 수도 있었거든요. 중종을 왕위에 앉힌 사람들은 그런 위험을 무릅쓴 거예요. 그러니 상을 받아 마땅하겠죠? 그래서 상을 받을 사람들의 명단이 만들어집니다.

그런데 조광조가 명단을 살펴보니 연산군을 몰아낼 때 아무 역할도 하지 않았으면서 이름만 올려놓은 사람들이 많은 거예요. 이름만 올리고 이익을 챙기려 한 거죠. 조광조는 가짜로 이름을 올린 사람들을 다 빼자고 주장합니다. 그리고 삭제해야 할 이름 대부분은 훈구의 이름이었죠.

또한 조광조는 '현량과'를 실시하자는 주장도 했어요. 현량과는 시험을 쳐서 인재를 뽑는 과거 제도와 달리 현명하고 실력이 뛰어난 인재를 추천하여 관리로 삼는 제도였지요. 여기서 추천의 대상이 되는 사람들은 대부분 사림이었어요.

이렇게 조광조는 훈구에게 정면으로 도전하는 사람이었어요. 그는 자신이 옳다는 것을 알았기 때문에 용기를 낼 수 있었습니다. 훈구의 비리를 눈앞에서 보았으니까요. 훈구에게는 조광조가 눈엣가시였겠죠. 훈구는 조광조를 없앨 기회만 엿봅니다. 중종 역시 조광조의 적극적인 개혁에 조금씩 부담을 느끼고 있었어요.

그러던 어느 날 궁궐 마당에서 '주초위왕'이라는 글자가 새겨진 나뭇잎이 발견됩니다. 그러자 중종이 조광조를 당장 잡아들이라고 명령해요. 대체 주초위왕이 어떤 말이길래 그랬을까요?

한자로 주초위왕을 쓰면 '走肖爲王'인데요. 여기서 주와 초의 한자인 '走'와 '肖'를 합치면 '趙'가 되지요. '趙'는 '나라 조' 자인데 이 한자는 조 씨 성을 나타내는 한자예요. 그래서 주초위왕은 조 씨가 왕이 된다는 말이 돼요. 그리고 이때 가장 유명한 조 씨는 조광조였고요.

훈구는 이 잎사귀를 들고 얼른 중종에게 갑니다. "전하, 조광조가 반란을 일으켜 왕이 되려고 합니다." 하면서 말이에요.

여러분은 어떻게 생각하나요? 정말로 나뭇잎이 조광조의 반란을 미리 알았던 걸까요? 말도 안 돼요. 누군가가 일부러 조광조를 없애기 위해 만들어 낸 거예요. 나뭇잎에 꿀로 '주초위왕'이라는 글자를 써서 단맛을 좋아하는 벌레들이 꿀을 바른 부분만 갉아먹게 한 거였어요.

 결국 중종은 조광조를 잡아들이고 조광조와 그를 따르던 사림들을 죽이거나 쫓아냅니다. 이 사건을 '기묘사화'라고 불러요. 이름처럼 정말 기묘한 일이 벌어진 사건이죠. 이렇게 사림은 훈구의 공격으로 다시 한번 큰 피해를 입습니다.

 사람이 사는 곳이면 어디나 다른 의견을 가진 사람이 있어요. 때로는 말다툼을 할 수도 있지요. 모두가 하나의 의견만 가질 수는 없으니까요.

그렇지만 다른 의견을 말하거나 혹시 말다툼을 하더라도 힘으로 상대방을 억누르려고 하면 안 돼요. 다른 생각을 가지고 있다면 대화를 통해 서로를 이해해 가는 것이 건강한 모습입니다.

하지만 훈구는 안타깝게도 상대방을 이해하려 하지 않았어요. 그저 사림만 없애면 다 해결된다고 생각했죠.

옳은 것은 반드시 승리한다

이렇게 여러 차례 공격을 받은 사림은 어떻게 되었을까요? 훈구의 공격에 못 이겨 사라져 버렸을까요?

놀랍게도 그렇지 않았어요. 사림은 꾸준히 자신의 고향에서 제자를 기르면서 세력을 키워 나갑니다. 그리고 결국 훈구를 몰아내고 조선의 정치를 주도하게 돼요.

조광조도 마찬가지예요. 그는 비록 훈구의 모함에 빠져 사약을 받아 죽고 말았지만 시간이 흐른 뒤에는 명예를 회복합니다. 조광조가 외쳤던, 조광조와 함께한 사림들이 주장했던 개혁이 옳았기 때문이죠.

부모님이나 친구에게 거짓말을 하면 당장은 이득을 볼 것 같을 때가 있어요. 아니면 주변 친구들의 나쁜 행동을 눈감고 넘어가면 편하겠다는 생각이 드는 순간도 있지요. 나쁜 행동을 지적하면 친구들에게 미움을 살 수도 있잖아요. 우리는 이런 순간마다 고민하게 돼요.

하지만 역사는 시간이 지나면 옳은 편이 승리한다는

것을 알게 해 줍니다. 역사를 살펴보면 언젠가는 진실이 밝혀지고 정의의 편이 승리해요. 당장은 나쁜 사람들이 이기는 것 같더라도요.

여러분도 용기를 잃을 때마다 역사를 바라보세요. 역사가 우리에게 옳은 것을 선택할 힘을 줄 테니까요.

이순신은 전쟁에서 승리해서 위대한 사람인가요?

포기하지 않는 용기

    1392년에 세워진 조선은 오랫동안 큰 전쟁 없이 평화로운 시기를 보내요. 그러다 정확히 이백 년이 지난 1592년 일본이 조선을 침략합니다. 바로 임진왜란이 일어난 거죠.

    전쟁 초기 조선군은 새로운 무기인 조총을 앞세운 일본군에게 엄청나게 밀려요. 부산진 전투를 시작으로 동래성 전투, 탄금대 전투 등에서 줄줄이 패배하죠. 일본군은 전쟁을 일으킨 지 약 이십 일 만에 조선의 수도인 한양에 도착합니다.

일본군이 무서운 기세로 쳐들어오자 조선의 왕이었던 선조는 한양을 버리고 도망칩니다. 일본군을 피해 개성으로, 또 평양으로, 그러다 다시 의주로 피란을 가지요. 물론 선조는 몸을 피할 수밖에 없는 상황이었어요. 왕이 잡히면 일본의 승리로 전쟁이 끝나 버릴지도 모르니까요.

하지만 왕이 한양을 버리고 도망갔다는 사실이 알려지자 백성들은 크게 분노했어요. 선조는 광해군을 급히 세자로 책봉합니다. 그리고 세자에게 권력을 나누어 줘요. 세자는 선조가 의주에 있는 동안 함경도와 강원도 등을 누비며 백성들을 다독이고 의병 활동을 격려했어요.

한양을 점령한 일본군은 이제 거의 조선을 집어삼킨 것처럼 보였어요. 그렇지만 관군이 잇따라 패하자 각 지역의 양반 유생들이 의병을 일으킵니다. 백성들도 의병에 들어가 힘을 보태요. 스님들도 무기를 들고 일본군에 맞섭니다. 나라의 어려움을 이겨 내기 위해 힘을 합친 것이죠.

또 육지에서는 조선군이 일본군을 상대로 어려움을 겪고 있었지만 바다에서는 이순신 장군이 이끄는 조선 수군이 계속해서 승리를 거두었어요. 이순신은 치르는 전투마다 큰 승리를 거두며 조선의 바다를 지킵니다. 이순신 장군이 이끄는 수군과 의병의 활약으로 조선은 반격의 기회를 만들어 내지요.

···

　우리나라에서 존경하는 인물이 누구냐고 물어보면 빠지지 않고 나오는 이름이 둘 있어요. 한 분은 세종 대왕이고, 나머지 한 분은 이순신입니다. 다른 인물은 시간이 지나면서 사라지거나 바뀌지만 세종 대왕과 이순신은 우리 머릿속에 정말 존경할 만한 사람으로 남아 있어요.

　이순신 장군은 칠 년 동안 이어진 임진왜란에서 조선의 바다를 굳게 지킨 인물입니다. 이순신이 이끄는 조선 수군이 없었다면 임진왜란의 결과는 어떻게 바뀌었을지 몰라요. 그만큼 이순신이 보여 준 존재감은 엄청났습니다. 일본군에게도 이순신은 엄청난 두려움의 대상이었어요.

　이순신은 임진왜란 중 자신이 지휘한 스물세 번의 전투 중 스물세 번 모두 승리를 거둡니다. 선생님은 그중에서 가장 위대한 전투를 꼽으라면 명량 대첩을 꼽고 싶어요. 명량 대첩은 이순신 장군이 가장 어려운 상황에서

치른 전투거든요. 명량 대첩에서 이순신과 조선군은 열 배가 넘는 적을 상대로 싸워야 했습니다.

하지만 이순신은 도망치지 않았어요. 오히려 승리할 수 있다고 생각하면서 당당하게 일본군과 맞섭니다. 이순신 장군의 이런 자신감은 어디서 나왔을까요?

이순신 장군도 실패한 적이 있다고요?

이순신은 임진왜란 당시 모든 전투에서 승리를 거두며 조선을 위기에서 구합니다. 하지만 이순신이라고 성공의 길만 걸었던 것은 아니에요. 이순신 역시 수많은 실패와 좌절을 겪어야만 했지요.

이순신은 결혼 후 늦은 나이에 무과 시험을 준비했어요. 지금은 누구나 알아주는 뛰어난 장수이지만 이순신은 무과 시험에 어렵게 합격했습니다. 첫 번째 무과 시

어린이를 위한 역사의 쓸모

험을 치르던 도중 말에서 떨어지면서 다리를 다쳐 실격했거든요. 그렇게 이순신은 무과 시험을 준비한 지 십 년 만인 서른두 살이 되어서야 무과에 합격합니다.

관리가 된 뒤에도 이순신의 삶은 그렇게 순조롭지 않았어요. 이순신이 북쪽 국경에서 여진족을 막아 내는 임무를 맡고 있을 때였어요. 이때 이순신은 병사가 적어 혹시 여진족이 쳐들어오기라도 하면 막기 어려우니 병사를 더 보내 달라고 부탁했지만 받아들여지지 않았습니다.

그리고 얼마 지나지 않아 여진족이 정말로 쳐들어오지요. 이때 조선의 병사 십여 명이 죽고 백성 백육십여 명이 납치됩니다. 이순신은 군대를 이끌고 침입한 여진족을 용감하게 물리쳤어요. 그리고 끌려간 백성 중 육십여 명을 구출했습니다.

하지만 나라에서는 병사와 백성이 입은 피해에 대해

이순신에게 책임을 묻고 꾸짖었어요. 이순신은 억울하게 백의종군을 하게 되죠. 백의종군은 관직을 내려놓고 일반인이 되어 싸우는 것을 말해요. 이렇게 이순신은 무과에 합격한 뒤에도 시련을 겪어야만 했어요.

우리는 교과서에서 임진왜란을 승리로 이끈 영웅 이순신만 배워요. 이런 영웅한테는 실패하는 일도 고민할 일도 없을 것만 같지요.

하지만 젊은 시절의 이순신을 보면 이렇게 대단한 영웅조차 실패도 하고 어려움도 겪는 사람이라는 것을 알 수 있어요. 역사를 공부하면서 사람을 훨씬 깊이 이해하게 되는 거죠.

그렇다면 이순신 장군은 어떻게 실패와 어려움을 이겨 내고 위대한 장군이 될 수 있었을까요? 어려움을 이기는 힘은 어디서 나오는 걸까요? 임진왜란 때 일본군과 싸웠던 이순신 장군의 모습을 보면 그 힘의 비밀을 알 수 있습니다.

이순신 장군은 얼마나 잘 싸웠나요?

여러 차례 어려움을 이겨 낸 이순신은 임진왜란이 일어나기 직전 전라 좌도의 수군절도사로 임명돼요.

절도사라는 말이 어렵죠? 조선 시대에는 전라도를 전라 좌도와 전라 우도로 나누었어요. 수군절도사는 바다에서 싸우는 수군을 지휘하는 관직이고요. 나라에서 이순신에게 전라 좌도의 수군 전체를 이끄는 역할을 맡긴 거예요. 이순신은 평소에도 실제로 전투를 하듯 훈련을 진행하면서 전쟁에 대비합니다.

그래서 임진왜란이 일어나고 육지에서 조선군이 패배하며 밀려나는 상황에서도 이순신이 이끄는 수군은 계속 승리합니다. 실제 전투처럼 충실하게 준비를 해 두었기 때문이죠.

유명한 한산도 대첩에서는 격파한 일본군의 배가 예순여섯 척이나 되었다고 해요. 이후에도 계속해서 일본군을 상대로 빛나는 승리를 거둔 이순신은 삼도 수군통제사로 임명되면서 조선 수군 전체를 이끌게 됩니다.

 반면 이순신 때문에 일본군은 큰 어려움을 겪었어요. 승승장구하는 조선 수군을 보고만 있을 수는 없었죠. 일본은 이순신을 없앨 계획을 세웁니다. 전투에서는 이길 수 없으니 다른 방법을 찾기로 한 것이죠.

 일본은 가짜 정보를 조선에 퍼뜨립니다. 일본의 장수가 지나가는 길을 일부러 알려 준 거예요. 가짜 정보에 속은 선조는 이순신에게 얼른 일본군을 잡으러 출동하라는 명령을 내려요. 일본의 장수를 사로잡을 기회라고 생각했으니까요.

 하지만 이순신 장군이 가짜 정보에 속을 리 없겠지요? 이순신은 신중하게 대응합니다. 결코 일본의 꾀에 걸려 넘어가지 않았죠.

 선조는 이순신이 자신의 명령을 무시했다는 생각에 화가 머리끝까지 나요. 선조는 이순신의 관직을 빼앗습니다. 관직을 빼앗기고 한양으로 끌려온 이순신은 모진

신문을 받고 겨우 풀려나요. 그리고 또 한 번 백의종군 하라는 명령을 받게 되지요. 결국 일본이 원하는 상황이 된 거예요.

그런데 이순신의 시련은 여기서 멈추지 않아요. 백의종군 도중 어머니께서 돌아가신 거예요. 이순신은 어머니의 장례를 마치자마자 쉴 틈도 얻지 못하고 다시 전쟁터로 돌아갑니다.

당시 조선과 일본은 잠시 전쟁을 중단한 상태였는데요. 이순신이 사라지자 일본은 "이때다!" 하고 다시 전쟁을 일으킵니다.

이순신이 이끌 때 조선 수군은 분명 강했어요. 하지만 이순신이 사라진 뒤 벌어진 칠천량 해전에서 조선 수군은 일본군에게 크게 패합니다.

이 전투에서 백 척이 넘었던 조선군의 배는 거의 다 부서지고 일부만 간신히 도망쳐요. 이순신 장군이 없으니 완전히 다른 군대가 된 거예요.

열두 척의 배로 승리한
명량 대첩

위기에 빠진 조선은 다시 이순신을 불러들여요. 그렇지만 이순신이 공들여 만든 조선 수군은 완전히 사라진 상황이었어요. 이순신은 여기저기 돌아다니며 병사와 무기를 모으기 시작했습니다. 하지만 병사와 무기는 어찌어찌 모을 수 있는데 배는 금방 만들 수가 없었어요. 바다에서 싸우려면 배가 필요한데 말이에요.

그러던 어느 날 이순신은 칠천량 해전에서 도망친 열

두 척의 배가 있다는 사실을 알게 되었어요. 이순신은 이 배를 가지고서라도 싸우기로 합니다.

일본군은 이순신을 무찌르기 위해 백서른세 척이나 되는 배를 끌고 왔어요. 반면 일본군을 상대하는 조선군의 배는 열두 척이 전부였지요. 선조도 가망이 없으니 바다를 포기하고 육군에 합류하라고 할 정도였어요.

하지만 이순신은 포기하지 않고 일본군과 싸우기로 해요. 이때 이순신은 선조에게 포기하지 않겠다는 뜻을 전하는 편지를 쓰는데요. 이 편지에 정말 유명한 말이 나옵니다.

"저에게는 오히려 열두 척의 배가 있습니다. 죽을힘을 다해 맞서 싸우면 이길 수 있습니다."

결과는 어땠을까요? 놀랍게도 조선 수군이 크게 승리합니다. 이순신은 열두 척에 한 척을 더한 열세 척의 배로 백 척이 넘는 배를 끌고 온 일본군과 싸워 기적과도 같은 승리를 거둡니다. 이 전투가 명량 대첩이에요.

사실 싸우기 전에는 아무도 이길 수 있다는 생각을 하지 못했을 거예요. 명량 대첩에서 용기를 내 일본군에게 돌격해 승리를 거둔 열두 척의 배도 원래 칠천량 해전에서 목숨을 건지려고 도망쳤던 배들이었잖아요. 하지만 같은 배였는데도 결과는 완전히 달랐지요.

겨우 열두 척밖에 남지 않은 배를 보고 이순신 장군은 오히려 열두 척씩이나 남았다고 말했습니다. 엄청나게 어려운 상황 속에서도 희망을 찾아낸 거죠.

이순신 장군이 여러 번 과거 시험에서 떨어지면서도 포기하지 않을 수 있었던 힘도, 두 번이나 억울하게 백의종군을 하면서도 버텨 낼 수 있었던 힘도 희망 덕분이 아니었을까요? 너무 늦게 과거에 합격했다고 울상을 짓기보다 이제라도 합격했으니 다행이라고 생각하는 거죠. 누명을 써서 시간을 낭비했다고 생각하기보다는 이제라도 누명이 벗겨졌으니 다행이라고 생각하고요.

어려울 때도 포기하지 않고 희망과 용기를 가진다면 더 나은 내일이 우리를 기다릴 거예요. 이순신 장군이 가장 이기기 힘든 전투인 명량 대첩에서 값진 승리를 얻을 수 있었던 것처럼요.

역사는 어려운 상황에서도 용기를 준다

우리는 종종 실수하거나 실패를 경험하게 돼요. 열심히 준비한 시험을 심하게 망치거나 부모님을 크게 실망시켜 드리기도 하지요. 아니면 무언가 해내는 것 자체에 어려움을 겪는 경우도 있어요. 공부가 어려울 수도 있고

운동이나 미술이 너무 어려운 친구들도 있을 거예요.

이럴 때 우리는 답답한 마음이 들어요. "나는 왜 이렇게 바보 같을까?" 하고 스스로를 나무라기도 하고요.

그렇지만 우리는 모두 지금의 어려움을 이겨 낼 열두 척의 배를 가지고 있어요. 어려울 때 이순신 장군이 그랬던 것처럼 생각을 다르게 해 봐요. 배가 고작 열두 척만 있는 것이 아니라 오히려 열두 척이나 있는 거라고요. 그러니 내 앞에 있는 어려움은 별것이 아니라고요.

우리 모두에게는 어려움을 이길 충분한 힘이 있어요.
씩씩하게 어려움을 헤쳐 나가 봐요. 지금 겪는 어려움과
실패가 여러분을 더욱 단단하게 만들어 줄 테니까요.

사진으로 만나는 문화유산

역사 속 사람들이 남긴 문화유산을 통해 당시 사람들의 생활 모습과 생각 등을 알아볼 수 있어요.

춘천 신숭겸 묘역

후삼국 시대에는 많은 전투가 있었어요. 한번은 지금의 대구인 공산에서 견훤의 후백제군과 왕건의 고려군이 맞붙었죠(공산 전투). 이때 왕건은 후백제군에 포위되어 큰 위기를 맞게 되는데요. 고려의 장군이었던 신숭겸은 왕건의 옷을 대신 입고 싸우다가 후백제군에 사로잡혀 죽고 맙니다. 후백제는 신숭겸의 목을 베어 머리가 없는 시신만 왕건에게 보냈어요. 왕건은 신숭겸의 희생을 기념하기 위해 금으로 머리를 만들어 함께 묻어 주었다고 해요. 신숭겸 묘역에는 무덤이 세 기나 있어요. 전해지는 이야기에 따르면 세 기의 무덤 중 하나만 진짜이고 나머지는 가짜라고 해요. 무덤이 도굴될까 봐 가짜 무덤을 만들었다는 거죠.

ⓒ 한국학중앙연구원

안동 차전놀이

안동 차전놀이는 '동채'라는 기구를 만들어 양편이 상대편의 동채를 빼앗거나 땅에 닿게 하면 이기는 민속놀이에요. 공산 전투 이후 고려군과 후백제군은 지금의 안동인 고창에서 또다시 전투를 벌입니다. 고려군은 안동 사람들의 도움으로 후백제군에 승리했어요. 이를 기념하기 위해 새해가 되면 안동에서는 동채 싸움을 즐겼는데, 여기에서 차전놀이가 유래되었다는 이야기가 있어요.

ⓒ 국가유산청

김제 금산사 미륵전

후백제를 건국한 견훤에게는 여러 아들이 있었어요. 견훤의 사랑을 가장 많이 받은 아들은 넷째인 금강이었죠. 견훤은 금강을 자신의 후계자로 삼으려 했어요. 그러자 이에 불만을 품은 첫째 아들 신검이 반란을 일으켜 아버지인 견훤을 금산사에 가둡니다. 금산사에서 탈출한 견훤은 고려의 왕건에게 항복하지요. 후백제는 결국 고려에 멸망하게 됩니다.

ⓒ 국가유산청

논산 관촉사 석조미륵보살입상

논산에 있는 관촉사 석조미륵보살입상은 우리나라에서 가장 큰 석조 불상이에요. 기록에 따르면 고려 광종의 명으로 만들어졌다고 해요. 고려 초기에는 지방에 있는 호족의 후원을 받아 개성 있는 불상들이 많이 세워집니다. 지방 호족들은 이처럼 거대한 불상을 만들어 자신의 힘을 보여 주고 사람들의 마음을 얻으려 했어요.

ⓒ 국가유산청

평창 월정사 팔각 구층 석탑

평창 월정사 팔각 구층 석탑은 고려 전기를 대표하는 탑이에요. 보통 사각형에 삼층으로 이루어진 통일 신라 시대의 탑과 달리 다각·다층 석탑입니다. 탑의 꼭대기에는 화려한 머리 장식이 있고 처마 끝에 다는 작은 종인 풍경이 각 층 귀퉁이마다 달려 있어요. 이 탑은 화려하고 귀족적인 고려의 불교 문화를 보여 줍니다.

ⓒ 국립중앙박물관

합천 해인사 대장경판
(팔만대장경)

우리가 흔히 《팔만대장경》으로 알고 있는 해인사 대장경판이에요. 불교의 힘으로 몽골을 물리치기 위해 만들어진 것으로, 제작된 목판의 수가 팔만여 장이나 되어 《팔만대장경》이라는 이름이 붙었습니다. 우리나라의 뛰어난 인쇄 기술을 잘 보여 주는 문화유산으로 유네스코 세계 기록 유산에 등재되었어요.

ⓒ 국가유산청

강화 고려궁지

고려 정부는 몽골군의 침략에 대항하기 위해 강화도로 수도를 옮깁니다. 고려궁지는 고려가 강화도로 도읍을 옮기면서 궁궐과 관청을 지은 곳으로 지금은 터만 남아 있어요. 나중에는 조선도 이 자리에 행궁을 지어 나라에 위기가 닥쳤을 때 이용하려 했지요. 또 조선 정조 때에는 이곳에 왕실의 귀중한 도서를 보관하는 외규장각을 설치하기도 했어요.

ⓒ 국가유산청

경복궁 근정전

경복궁은 조선을 대표하는 궁궐로 조선에서 첫 번째로 지어졌어요. '경복'은 "오랫동안 큰 복을 누린다"라는 뜻입니다. 정도전이 지은 이름이지요. 정도전은 유교 정신을 반영해 경복궁의 각 건물마다 이름을 지었어요. 경복궁의 중심 건물인 근정전은 "천하의 일은 부지런하면 잘 다스려진다"라는 뜻을 담고 있어요. 왕이 백성을 위해 힘써 일하길 바라는 정도전의 마음이 느껴지지 않나요?

ⓒ 국가유산청

종묘 정전

조선은 유교 정신에 따라 세워진 나라예요. 그래서 유교 정신에 따라 도성을 설계했지요. 종묘는 역대 왕과 왕비의 신주를 모시고 제사를 지내는 공간이에요. 궁궐의 왼쪽(동쪽)에 지어졌지요. 유교에서는 조상에 제사를 지내는 것을 매우 중요하게 여겼어요. 그래서 종묘는 도성의 건축물 중 가장 먼저 지어지기 시작했습니다.

ⓒ 국가유산청

사직단

사직단은 땅의 신과 곡식의 신에게 제사를 지내는 곳입니다. 궁궐의 오른쪽(서쪽)에 지어졌어요. 당시 농사는 나라의 경제를 이끌어 가는 가장 중요한 산업이었기 때문에 나라에서는 사직단에서 풍년을 기원하며 제사를 지냈습니다.

ⓒ 국가유산청

자격루(복원)

자격루는 스스로 때려서 시간을 알리는 물시계라는 뜻이에요. 물을 이용해 각종 장치들이 움직이게 해서 일정한 시간이 되면 북이나 징을 쳐 시간을 알려 주는 장치입니다. 해시계는 흐린 날이나 밤에는 사용하기 어려웠어요. 이에 세종은 물시계를 만들라고 명했고 장영실이 연구 끝에 자동으로 시간을 알려 주는 물시계인 자격루를 만들었어요.

ⓒ 국립고궁박물관

혼천의

혼천의는 하늘의 움직임을 읽기 위해 제작된 천문 관측기예요. 과거에는 이 기구를 사용해서 행성과 별의 위치, 하늘의 높이와 방위 등을 측정했습니다. 혼천의를 가장 먼저 만든 나라는 중국이에요. 세종 때 중국의 혼천의를 참고해 장영실, 이천 등이 혼천의를 제작했습니다.

ⓒ 국가유산청

대구 선화당 측우기

측우기는 조선 세종 때 발명된 것으로 비가 내린 양을 측정하는 기구입니다. 측우기 입구의 지름은 약 15cm인데, 15cm는 비가 많이 오든 적게 오든 강우량을 정확하게 측정할 수 있는 최적의 크기라고 해요. 세종은 측우기를 전국 관청에 설치하고 비의 양을 기록해 조정에 보고하도록 했어요. 측우기를 통해서 비가 내린 양을 재고 기록해 두면 언제쯤 비가 많이 오는지, 적게 오는지를 알 수 있었지요. 이를 통해 가뭄이나 홍수를 대비했어요. ⓒ 국가유산청

추천사

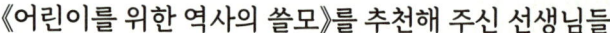

《어린이를 위한 역사의 쓸모》를 추천해 주신 선생님들

이 책은 정말 쓸모 있습니다. 단순히 반복하고 외우는 역사에서 벗어나 과거 사람들이 만들어 낸 진짜 '역사'를 마주하고 그들을 이해하고자 하는 사람들에게 추천합니다.
— 고병관 선생님(화홍고등학교)

역사를 통해 어린이의 눈높이에서 현재를 돌아볼 수 있게 하는 역사 나침반!
— 공선애 선생님(연희초등학교)

아이들이 지금을 어떻게 살아가야 할지 알려 주는 길잡이 같은 책!
— 김미혜 선생님(선창초등학교)

시험을 위한 역사가 아닌 인생의 올바른 선택을 돕기 위한 역사를 알려 주는 책.
— 김민주 선생님(부인중학교)

사랑하는 조카들과 함께 읽을 수 있는 역사책을 발견해서 정말 기쁩니다.

– 김재훈 선생님(성사고등학교)

'역사의 쓸모'를 진심으로 알려 주려는 최태성 선생님의 마음이 느껴져 어른인 저도 감동을 받았습니다. 앞으로의 역사를 써 내려갈 어린이에게 꼭 필요한 울림을 주는 책입니다. – 김효주 선생님(호수초등학교)

단연 최고의 어린이 인문학 책입니다!

– 박혜아 선생님(관양초등학교)

어린이의 시선에서 풀어낸 역사 속 궁금한 이야기.

– 손선혜 선생님(솔터고등학교)

어린이들에게 역사란 사실과 의미 그리고 가치로 구성되어 있다는 것을 알려 주는 훌륭한 역사 입문서! – 송민휘 선생님(주곡중학교)

역사를 삶의 지혜로 바라보게 해 주었던 원작의 감동을 이제는 아이들과 나눌 수 있어 기쁩니다. – 안도연 선생님(안산초등학교)

머릿속에 그려지는 문장으로 풀어낸 우리나라 역사 이야기.

– 우민경 선생님(서울가락초등학교)

이 책을 읽으면 어린이도 쉽게 역사를 이해할 수 있겠다는 생각이 들었습니다. 우리 반 아이들에게 추천해 주고 싶은 책입니다.

– 이승우 선생님(밀성초등학교)

어린이에게 꿈과 가능성에 대한 용기를 불어넣어 주는 책입니다.

– 조은설 선생님(옥빛초등학교)

교사로서 아이들과 함께 꼭 나누고픈 이야기들이 담겨 있습니다.

– 최금주 선생님(동작초등학교)

이 책을 통해 역사는 정말로 현재를 살아가는 데 필요한 '쓸모 있는' 과거가 되었습니다.

– 최영지 선생님(진접고등학교)

우리나라 최고의 역사 선생님이 가르쳐 주는, 내 아이에게 들려주고 싶은 삶의 지혜.

– 최지은 선생님(의왕초등학교)

역사를 통해 세상을 넓고 깊이 있게 바라보는 시선을 길러 주는 최고의 책!

– 허두영 선생님(국립전통예술고등학교)

강은현 선생님(덕현초등학교) / 공미라 선생님(인창중학교) / 공수현 선생님(범계초등학교) / 구주영 선생님(서울두산초등학교) / 권현숙 선생님(안양중앙초등학교) / 김여원 선생님(관양초등학교) / 김예than 선생님(강동초등학교) / 김은영 선생님(인창중학교) / 김은희 선생님(서이초등학교) / 남영숙 선생님(오산초등학교) / 박지혜 선생님(신동초등학교) / 박진선 선생님(인제초등학교) / 신외슬 선생님(범계초등학교) / 신혜영 선생님(선행초등학교) / 심명원 선생님(포남초등학교) / 유재원 선생님(변동초등학교) / 이명숙 선생님(의왕초등학교) / 이서눈 선생님(우이초등학교) / 이지은 선생님(인창중학교) / 이현정 선생님(다산한강중학교) / 임성은 선생님(부천여자중학교) / 조미희 선생님(호원중학교) / 최혜정 선생님(인창중학교) / 한진영 선생님(의왕초등학교) / 홍금희 선생님(감일중학교) / 홍기윤 선생님(호계중학교)

어린이의 미래에 필요한 모든 답은
역사에 있다!

마음껏 상상하며 나를 채워 나가는 어린이 인문학

❶ 선사 시대 - 남북국 시대   ❷ 고려 시대 - 조선 전기   ❸ 조선 후기 - 근현대

어린이를 위한
역사의 쓸모

전 3권 완간

이 책을 통해 얻을 수 있는 3가지

◆ 역사 속 사람들과 함께 찾아가는 나의 꿈
◆ 과거를 바라보며 현재를 이겨 내는 용기
◆ 억지로 외우지 않고 자연스럽게 배우는
  역사의 지혜

어린이를 위한
역사의 쓸모 ❷ 고려 시대 - 조선 전기

초판 1쇄 발행 2022년 9월 21일
초판 10쇄 발행 2025년 10월 15일

글 최태성 그림 신진호 **감수** 별★별 한국사 연구소(곽승연·이상선·김혜진)
펴낸이 김선식

부사장 김은영
어린이사업부총괄이사 이유남
책임편집 마정훈 **디자인** 이정아 **책임마케터** 안호성
어린이콘텐츠사업5팀장 이현정 **어린이콘텐츠사업5팀** 강민영 조문경 마정훈 조현진
어린이마케팅본부장 최민용 **어린이마케팅1팀** 안호성 이예주 김희연 **기획마케팅팀** 류승은 박상준
미디어홍보본부장 정명찬
편집관리팀 조세현 김호주 백설희 **저작권팀** 성민경 이슬 윤제희
재무관리팀 하미선 임혜정 이슬기 김주영 오지수
인사총무팀 강미숙 이정환 김혜진 황종원
제작관리팀 이소현 김소영 김진경 이지우 황인우 유미애
물류관리팀 김형기 김선진 주정훈 양문현 채원석 박재연 이준희

펴낸곳 다산북스 **출판등록** 2005년 12월 23일 제313-2005-00277호
주소 경기도 파주시 회동길 490 **전화** 02-704-1724 **팩스** 02-703-2219
다산어린이 공식 카페 cafe.naver.com/dasankids
종이 스마일몬스터 **인쇄** 한영문화사 **제본** 대원바인더리 **후가공** 제이오엘엔피

ISBN 979-11-306-9365-1 73910

+ 책값은 뒤표지에 있습니다.
+ 파본은 본사 또는 구입하신 서점에서 교환해 드립니다.
+ KC마크는 이 제품이 공통안전기준에 적합하였음을 의미합니다.
+ 아이들이 책을 입에 대거나 모서리에 다치지 않게 주의하세요.
+ 이 책은 아모레퍼시픽의 아리따글꼴을 사용하여 디자인되었습니다.
+ 이 책은 저작권법에 의하여 보호를 받는 저작물이므로 무단 전재와 복제를 금합니다.